문학과지성 시인선 259

너무 아름다운 병

함성호 시집

문학과지성사에서 펴낸 함성호의 시집

56억 7천만 년의 고독(1992)
聖 타즈마할(1998)
키르티무카(2011)
타지 않는 혀(2021)

문학과지성 시인선 259
너무 아름다운 병

초판 1쇄 발행 2001년 11월 21일
초판 7쇄 발행 2025년 10월 1일

지 은 이 함성호
펴 낸 이 이광호
펴 낸 곳 ㈜문학과지성사
등록번호 제1993-000098호
주   소 04034 서울 마포구 잔다리로7길 18(서교동 377-20)
전   화 02)338-7224
팩   스 02)323-4180(편집) 02)338-7221(영업)
전자우편 moonji@moonji.com
홈페이지 www.moonji.com

ⓒ 함성호, 2001. Printed in Seoul, Korea

ISBN 89-320-1295-4 02810

이 책의 판권은 지은이와 ㈜문학과지성사에 있습니다.
양측의 서면 동의 없는 무단 전재 및 복제를 금합니다.

지은이는 한국문화예술진흥원이 지원하는 창작지원금을 받았습니다.

문학과지성 시인선 259
너무 아름다운 병

함성호

2001

시인의 말

나는 왜 이곳에 있을까?와
누가 나를 이곳으로 이끌었을까?가
당신과 나를 여기에 있게 한다.

2001년 늦가을
함성호

너무 아름다운 병

차례

▨ 시인의 말

낙화유수 / 9
아스가르드의 화석 / 10
이름이 없으면, 장미의 향기도 사라지리라 / 12
나비의 집 / 14
너무 아름다운 병 / 16
나는 지금도 미루나무숲에 있다 / 18
케리그마 Kerygma / 20
비극을 찾아서 / 23
Jabir, Geber, gibberish, 미친 이론가 / 26
발화 / 29
흐르는 모래 위에서 망설이는 밤섬을 본다 / 30
모래의 책 / 32
꽃들은 세상을 버리고 / 34
잔인한 숲 / 36
청초호에서 / 39
天上列次分野地圖 / 40
聖者는 맛있다 / 42
封印 / 44
목련나무의 기억 / 46
거꾸로 서 있는 마을 / 48

모미 / 50
거미의 서가 / 52
자장면은 전화선을 타고 온다 / 54
그랑호텔 / 56
해변 여관 / 58
상했어, 썩었어, 더러워 / 60
고귀한 모험을 찾아서 / 61
죽음의 기하학 / 62
벚꽃 핀 술잔 / 65
레몬 트리 / 66
대포항 방파제 / 68
옛 그늘 / 70
얼굴 / 72
욕된 숲 / 74
세상이 안개에 뒤덮이는 시간이 있다 / 76
바다 속 마을 / 78
꽃불, 화염 / 80
論語 / 82
흘러간다 / 83
그 민물에는 지금쯤 / 84
흐린 유원지에서 나는 운다 / 86
나무는 배고프다 / 88
고등어 / 90
단장 / 92
바람과 그늘 / 94
알기 쉬운 독도법 / 96

Day sleeper / 98
섬, 여관 / 100
폭력에 대한 애무 / 102
침엽수림에서 흰 모래 해변까지 / 104
지옥의 눈물 / 106
쿠키 / 108
일곱째 날 / 110
만든 사람들 / 111
고요한 재난 / 112
비좁고 긴 골목 / 115
더러운 거래―다큐멘터리 / 118
일구구팔년 가을 / 119
매음의 밤 / 121
세상 너머의 지평선 / 123
쓰레기의 사막 / 125
적막한 강가, 버드나무와 같이, 푸른 뱀과 함께 / 127
오호리의 아가씨 / 129
썩은 우물 / 131
작은 연못 / 133
괴로움 / 138

▨ 해설 · 목쉰 나무의 노래 · 정과리 / 143

낙화유수

 네가 죽어도 나는 죽지 않으리라 우리의 옛 맹세를 저버리지만 그때는 진실했으니, 쓰면 뱉고 달면 삼키는 거지 꽃이 피는 날엔 목련꽃 담 밑에서 서성이고, 꽃이 질 땐 붉은 꽃나무 우거진 그늘로 옮겨가지 거기에서 나는 너의 애절을 통한할 뿐 나는 새로운 사랑의 가지에서 잠시 머물 뿐이니 이 잔인에 대해서 나는 아무 죄 없으니 마음이 일어나고 사라지는 걸, 배고파서 먹었으니 어쩔 수 없었으니, 남아일언이라도 나는 말과 행동이 다르니 단지, 변치 말자던 약속에는 절절했으니 나는 새로운 욕망에 사로잡힌 거지 운명이라고 해도 잡놈이라고 해도 나는, 지금, 순간 속에 있네 그대의 장구한 약속도 벌써 나는 잊었다네 그러나 모든 꽃들이 시든다고 해도 모든 진리가 인생의 덧없음을 속삭인다 해도 나는 말하고 싶네, 사랑한다고 사랑한다고…… 속절없이, 어찌할 수 없이

아스가르드의 화석

나는 상상함으로써 존재한다

신의 명상에서부터 흔들리는 숲
저 나무의 명상까지
빈 들판은 얼마나 오랫동안
꽃의 만발을 생각해왔던 것일까?

(새는 자신의 몸에 대해 얼마나 골몰했기에
저렇게 공기처럼 가벼운 날개를 가질 수 있었을까?)

물은 둥근 몸에 대해
별은 빛에 대해
데이지꽃은 자신의 중심에 대해

죽음의 의지를 통하지 않고서는
끝내
우리는 이 가설의 체계를 엿볼 수 없으리
이 광기와, 냉혹한 아름다움의 비밀을
이 차가운 공유의 역설을
존재하지 않지만 가득 차 있는 이것을

시간은 낡은 깃대처럼 우리를 기다리고
자연에는 禮가 없으니
눈부시게 반짝이는 저 바다의 비늘을 보라
사막이 꾸는 꿈과
바람이 물을 밀어 결을 거스르는 무늬를

나는 너의 가설이다

내가 환하게 핀 한 그루 사과나무의
다섯 장의 꽃잎에 대해 생각할 때
(너는 어디에 있었느냐?)

이름이 없으면, 장미의 향기도 사라지리라

너의 이름을 부르는 것은 괴롭다
얼마나 가슴 깊은 곳에서
너의 이름을 불렀는지
그만, 마음이 흐려져버렸다
어떻게 너를 잊어
우리 영영 이별할 수 있을까?
어느 외마디 비명 소리라도
너의 이름 아닌 것이 없으니
이름이 없으면,
이 사무치는 불의 마음도 사라지리라

씨앗은 숲을 괴로워하니
숲의 나무가 거리의 나무에게 말했다
그럼에도 불구하고 잎과 줄기를 반복해서 피워 올리니
왜 늙음을 경험하는 것일까?

누가 땅속 깊은 곳에 있는 그의 이름을 불러
어떻게 너를 잊어, 우리 서로 모르는 채
자주꽃방망이 핀 습지를 지나칠 수 있을까?

어두운 너를 깨우는 것도 늘 나였으니
너는 항상 겹겹의 옷을 입고
걸인처럼, 우리가 하나하나 그 남루에 대해 이야기할 때마다
추위에 떤다

다시 너를 사랑하지 않을 수 있게
꽃을 보려거든, 이름 없이 태어나라
봄 한 시절에 피는
저게 무슨 꽃인지 나는
그해 여름이 되어서야 알게 되었다

얼마나 고요히 너의 이름을 불렀는지
몸은 안개처럼 흩어져
너의 이름 아닌 것이 없으니
이름이 없으면

속으로만 한없이 부르던 노래도
세상의 모든 향기도 사라지리라

나비의 집

바람은 저렇게 거센데
흔들리는 숲-풍경은 고요하다
서늘한 기압골 속에 집 한 채
어느 나무로부터 이 막막함을 위로받을 수 있을까?
나비야 나비야, 산 위에는 눈
난지도에는 꽃이 피네
참을 수 없는 식욕——
나는 왜 자꾸 너의 귀가 먹고 싶을까?
첫사랑의 여자에게서 배운 이 못된 탐구
시끄러워 시끄러워,
내 귓속에는 너무 많은 실뱀들이 몰래 살아
펼쳐지는 페이지처럼 수많은 활자들이 불에 타고 있네
오돌뼈처럼 맛있는 너의 귀
방구석의 먼지들이 모여
한 세계가 이루어지고

추억을 버렸으니
어떻게 저 강을 건널 수 있을까?
나뭇잎사귀 섬세한 길 위에서
느림보 달팽이는 노래 부르네

맑은 밤
나는 밀랍으로 만든 지느러미를 달고
불의 협곡을 헤엄쳐 침묵의 해류를 타고
죽음의 향기를 흡입하며 장미를 생각할까?
(어떻게?)
젖꼭지가 아름다운 여자는
모두 다 엄마 같다
(엄마, 이 참혹한 나비들아)
노래가 아니라면 고요한 결별은 어떻누?
발목을 적셨으면 이제
소리를 따라 흘러가야 할 때
바람은 이렇게 온몸을 치며 불어오는데
내 흔들림은 너무나 고요해

나비야 나비야
죽음의 집들이 겹쳐 살아나는 생은
어떤 반복을 이루려고 저렇게 아예
투명한 건지

너무 아름다운 병

아프니?
안녕 눈동자여, 은빛 그림자여, 사연이여
병이 깊구나
얼마나 오랫동안 속으로 노래를 불러
네가 없는 허무를 메웠던지
그런
너의 병은 왜 이렇게 아름다운지
어떤 무늬인지 읽지 않았으니
아무 마음 일어날 줄 모르는데
얼마나 많은 호흡들이 숨죽이고 있는지
한 발짝도 내디딜 수 없는 압력

휘청, 발목이 잘려나간 것처럼
한없이 무너지고 싶다
밥 먹어
너의 아름다운 병도 밥을 먹어야지
별다방 아가씨가 배달 스쿠터를 타고
전화번호가 적힌 깃발을 휘날리며 지나간다
누가 부르지도 않았는데
참혹한 욕망이 문지방까지 와서

기다리고 있다

돌아가자
너의 아름다운 병을
검은 아스팔트까지 바래다주러 간다
가면, 오래오래 흐린 강 마을에서
집의 창을 만지는 먼지들과 살 너와
돌아서면 까맣게 잊고
이미 죽은 나무에 물을 뿌릴 나는
저리위—— 독주에 취해 더 깊은 병을 볼 거면서

먼 길로
일부러 먼 길로
너의 아름다운 병을
오래오래 배웅한다

나는 지금도 미루나무숲에 있다

미루나무숲에 있다
우산을 접은 사람이 산 위에서 내려온다
산을 내려오면 아침 바다가 있고
은빛 못으로 가슴을 두드리는 목선이 있다
해변에는 레게의 리듬이
푸른곰팡이 핀 술집의 매캐한 냄새처럼
너를 그리워하게 하는
고아의 저녁을 물들이고 있다

그 저녁에도 나는
아비장의 거리에 서 있었다
황혼이, 이 신생 독립 국가의 전통을 물들일 때도
나는, 아마, 코란이 낭송되는 이슬람의 사원에서
너를 기다리고 있었을 것이다
모든 경전은 獻詩이다

아마 그랬을 것이다
나는 지금도 무수한 '곳'에서
미루나무 가지처럼 무수한
너와, 너는, 너의, 너를, 만나고 있을 것이다

시간이란 처음부터
흐르지 않는 사소한 연못들과 같았던 것
불멸처럼

저 타오르는 미루나무의
알 수 없는 가지, 가지마다에서
나는, 우리는, 어딘가에서,
다시 만나고, 있을, 있었을—것이다

나는 강변의 불빛들이 오랜 기다림처럼 밝혀 있는
번창한 灣의 부두를 걷고 있다 그리고 조금 후면
모오든 다리를 건너 네가 올 것이다

이 석양이 지고
어둠이 오면
나는 지금도

케리그마 Kerygma

1
붓다는 성으로 돌아와 자신의 깨달음을 성안의 사람들에게 보이기 위해, 몸을 공중으로 솟구쳐 사지를 절단한 채 엽기적으로 바닥에 떨어졌다 그리고는 다시 원래의 모습으로 나타나는 고난도 요가의 신기를 펼쳐 보였다
　……심히 쪽팔렸다

2
할머니는 너무 오랫동안 아궁이 속의 알불을 들여다보았으므로 눈이 멀어버렸다 장님이 된 후 불을 공깃돌처럼 가지고 노셨다

3
창은 내부를 향해 나 있다 기차가 터널을 통과할 때마다 나는 수십 개의 창을 달고 지네 같은 발로 마음을 만진다 가끔 그 창으로 낯익은 시선이 나타날 때가 있다 그럴 때마다 세상의 끝에 와 있다는 생각이 든다

4

사르트르가 아롱의 부축에서 팔을 빼고 있다 같지 않다는 것, 죽어도 그 구분을 용서하지 않는다는 것, 다르다는 것, 죽을 때까지, 죽은 후에라도,

5

인도의 성자 사이바바가 눈에서 금강석을 결정하고 있다
차라리 환각과 같았다
어둠이여— 내 영혼 깊숙이 스며들어라

6

영혼을 자극하는 음식이 있다; 나에게는 가자미식해 같은 것

7

자에 기대 선을 얻는 소리는 내 유일함이다
가청권을 넘어선 전자기타 소리가 내 운명이라니

사바나에서 나타난 기린의 낮은 목소리와 고래들의 대화
 아주 느린 그림들이 마치 반복을 잊은 듯
 고요히 흘러가고 있다

비극을 찾아서

낙타를 몰고 대화역 러브호텔 골목을 지나가는데
머리는 사람이고 몸은 사자인 삐끼가
기본 25,000원 부킹 책임지는 곳이 어디냐고 물었다
나는 시지프스 성인 나이트클럽이라고 말했다
이상하게 틀렸는데도 나를 죽이지 않았다
삐끼의 머리가 사람이라는 게 좀 걸렸지만
낙타들을 지하철 안으로 몰아넣고 역삼동을 지나
수서까지 오랜 여행을 하고 돌아왔다
낙타들은 지쳐 있었고, 나도 어디 적당한 곳에서 쉬고 싶었기 때문에
다시 머리는 사람이고 몸은 사자인 삐끼가
안주 무료 아가씨 끝내주는 곳이 어디냐고 물었을 때
그냥 스핑크스 중년 나이트클럽이라고 말해주었다
이번에도 틀렸는데, 그냥 살려주었다
이상하다 나는 빨리 비극으로 가야 하는데
낙타를 수간해서 머리는 사람이고 몸은 사자인 괴물을 낳게 한 범인을 잡아야 하는데
나도 계속 살아 있고
저 삐끼도 계속 살아 있다
나는 할 수 없이 낙타를 데리고 예비군 교장 옆 농수

산물 센터에서
 배추 이파리를 씹으며 사막 횡단 버스를 기다리는데
 예의 머리는 사람이고 몸은 사자인 뻬끼가 다가와
 오늘은 왜 오지 않았느냐며
 9시 전에 입장하는 여성 고객들은 공짜인 데가 어디냐고 물었다
 거기는 궁전 나이트클럽이었고, 나는 그렇게 대답했다
 뻬끼는 분명히 그런데도 아니라고 거짓말하면서 나를 살려주었다
 당연히 머리는 사람이고 몸은 사자인 뻬끼도
 달리는 자동차 바퀴에 몸을 던져 죽는 일 따위는 벌어지지 않았다
 나는 너무 이상해서 귀가 간지러웠다
 아무도 죽지 않다니
 그때 큰 돌을 굴리고 가던 맛없는 큰 간 말똥구리가
 "웃지 말아요, 이 연극에는 비극이 준비되어 있지 않아요"
 라고 충고하며 혀를 차고 지나간다
 비극이 준비되어 있지 않다면
 이렇게 자꾸 삶이 반복된다면

나는 어디에서 내 죽음을 볼 수 있을까

Jabir, Geber, gibberish, 미친 이론가

이 뻔한 비유들——
(가끔 거울을 보면 내 전 생애의 얼굴이 보인다)
    거울은 얼마나 고통스러울까?

나는 시들지 않는 정원에서 홀로 시들어간다
비인간적인 것들을 노래하며
하나를 말하지 않기 위해 불만에 찬 당나귀처럼 쉴 새 없이 떠들어댔다
    구름은 도대체 얼마나 많은
    물의 날들을 머금고 있는 것일까?

지겨운 상징들을——
단 한 번만이라도
이 세계를 명징하게 바라볼 수만 있다면
(나는 거울에 침을 뱉으며 잔인하게 나를 살해했다)
    아, 나무는 어디 가고 여기는 왜 그늘만 우거졌을까
나는 새로운 욕망에 사로잡힌 거지
순간 속에서 찰나에 취해

정원에는 사철 꽃이 만발했으나

일기 속에 나무들은 그냥 먼 길 같다

나는 왜 아무것도 기억할 수 없는 걸까?

나는 홀로 부패의 길을 걸어 지하의 정원에서 잔다
죽은 장미는 어디에서 피어나는가?
불멸을 피해 시들어가는

돌아오는 길인데도
이 길은 늘 처음 가보는 길이다
(설레며 다가서게 하는
어두운 숲 한가운데 —— 거기는 흐린 오후다)

누벽에 기대어, 진부한 이름들을 신중히 받아 적으며
      내 호주머니에서 먼 바다의 해류가 만져진다
처음과 끝이 없는 외길의 미궁에서
      대왕 문어가 심해에서 낙심한다
아주 태연하게
나는 경악에 찬 사시나무처럼 떨었다
  —끓고 있는 검은 솥단지에는
      그 밖에 또 무엇이 들어 있나?
하나를 말하지 않기 위해서

그 하나를 말하기 위해
    어항 속에서 투병 중인 (물고기)
너의 잠 속은 이렇게

(고요하구나)

발화

 목재는 100°C 이상 가열되면; 추워라, 추워라, 상처 입은 짐승처럼 아무리 그대 얼굴 떠올려도 생각나지 않네; 가연성 가스인 CO, H_2, CH_4 등이 발산되고; 나는 심해의 향유고래처럼 미지의 어둠에서 떨고 있구나; 150°C 이상 되면 탄화 작용으로 흑갈색으로 착색되며; 얼마나 사랑했으면, 얼마나 사랑했으면; 250°C 이상 되면 火源에서 스스로 불꽃을 당겨 인화하며; 피의 온도 — 칼날처럼 슬픈 너의 꽃이[齒]를 기억하고 있지; 화원이 없이도 목재 자체에서 불길이 일기 시작한다; 너는 왜 나를 파고들지?

 기억하니?

 미친 내 인생을

흐르는 모래 위에서 망설이는 밤섬을 본다

강변에서
밤섬이 흐르는 모래 위에 떠 있는 모습을 본다
강변에서, 흐르는 모래 위에 떠 있는
밤섬을 본다

흐르는 모래 위에 떠가는 밤섬을 본다

강변에서, 흐르는 모래 위를 떠가는
밤섬을 본다
강변에서, 흐르는 모래 위에 떠 있는
밤섬을 본다
흐르는 모래 위에 떠 있는 밤섬을 본다
흐르는 모래에 실려
밤섬이 떠내려간다

강변에서
흐르는 모래에 실려 떠 있는
밤섬을 본다
흐르는 모래 위로 떠 있는 섬
섬이 흐르는 모래 위에 떠 있다

강변에서 흐르는 모래 위에
흐르는 모래 위를 떠내려가는

(샘듄의 언덕에서)

모래의 책

에어컨 밑에서

문장이 세계를 지우는 풍경을 바라보았다 사막의 모래가 이 집을 방문하던 날 나는 해당화와 같이 바닷가 모래밭에 있었다 눈이 내린다 신호등과 네거리는 이미 내 문장 속에 있었던 것 그 건널목에는 'ㅂ'같은 손을 가오리연처럼 흔들며 헤어졌던, 몸이 온통 사족이던, 그 여자의 문장이 있다

시체의 풍경들──모든 구멍은 모래로 가득 채워져 있었다고, 검시관은 말했다 계절풍을 타고 철새들이 은하수를 건너간다 파란 문장이 켜지자 추억이 먼저 길을 건넜고, 'ㅅ'은 생의 무게가 너무 가볍다고 생각한다 돌발적인 문장들은 하나의 사건이다 내가 바닷가에서 돌아왔을 때 일산 신도시는 모래 언덕으로 출렁거렸다 사람들은 온몸에 붉은 재를 바르고 있었고 모래들이 문지방을 넘어 안방과 건넌방에 걸쳐, 길게 누워 있었다 "바람이 먼저 지나가게 해줘요"──너는 붉은 해당화……

모래 알갱이들이 말없음표처럼 국회의사당으로 가는 벚꽃 거리를 메워나가고 있었다 몇 개의 모래 언덕들이 양화진에서 이산포까지 청상과부처럼 펼쳐져 도시는 더 섹시해 보였다

석양 무렵이어서 그랬는지 몰라도 저 다리를 건너면 탄현이 아니라 히말라야가 있을 것 같았다 그날의 사랑을 기억하는 가슴 아픈 문신들 내가 없는 동안 모래 알갱이들이 바람의 올로 성긴 그물의 집을 짜고 있었나 보다 나는 모래를 데리고, 회화나무가 있는 낮은 구릉까지 바람을 배웅했다 해당화야 해당화야——북한산 인수봉이 멀리 섬처럼 떠 있다 나는 집을 모래에게 내주고 다시 바닷가, 한때 뜨거운 상징이던 바닷가로 떠났다 해풍을 타고 어부들이 뭍으로 돌아온다 지친 목선의 밑창마다 모래의 반복으로 빼곡하다

꽃들은 세상을 버리고

목련화 그늘 아래서 아니면, 인적이 끊긴 광화문쯤의
                         오피스 환기구였는지도 몰라
그대와 나라고, 하면은 금방 아닌 것 같은 그대들
술잔에 붉은 입술을 찍어
어린애 손바닥만한 꽃의 육질을 열어
좋은 안주로 삼았었지
                     그대는 '깜찍이 소다'를 마시고
짐짓 취한 척
성냥을 건네주던 그대의 손을 혹은, 라이터
스치며 지는 꽃잎처럼, 흐르던 穀雨
淸明도 지나고 雨水는 이미 오래전 일
그날 잊지 않으려
마음속으로만 무수히 되뇌던 시를
취한 듯, 꿈인 듯, 끝내 적어두지 못해
다시는 꽃이 진 나무 아래를 찾지 못하는 冬至
小雪과 大雪 동안은 놀고
가장 긴 밤에 나는 하염없이
잠든 나무의 이름을 찾아 헤매었지 잠든 나무?
(우리는 누구나 서로의 슬픈 미래를 본 적이 있다)
단오에는 내가

어떤 향기로 그대의 머리를 감겨주었던가?
바람이 꽃잎을 날리던 立夏와 小滿 사이
白露와 霜降의 햇빛도
소용없이 빈 마당에 떨어지는 가좌아파트 베란다

꽃들은 세상을 버리고
봄을 잊은 나무는 괴롭게
저절로 깊은 세상을 열어두겠지

잔인한 숲

숲에서 나오니, 온몸이 상처투성이다
생존을 위한 숲의
(필사적인) 인동 간격 때문이다

아름다움은 惡에 있거나
일정한 距離에 있다
빌딩들도 밀림을 이루고 있다
잔인한 아름다움
현대 건축은 에덴 동산에서 이룩되는 것이 아니라
소돔과 고모라에서 이루어진다

고, 적는다
맑은 밤하늘보다 더 아름다운 것이
도시의 야경이다
마천루의 골격과 피부
미세한 신경 다발처럼 엉켜 있는
고가도로와 지하철의 흐름들

속도는 순결하다
어떻게 우리가 이 보석 같은 강물 위를 흘러

사랑의 집에 이르지 않을 수 있겠는가?

날렵한 고가도로 아래서 땀 흘리고 있는
거대한 교각의 알몸과, 일그러진 하늘과 구름을 보여주는
빛나는 유리 외투를 걸친 마천루들을 보라
도시는 신의 서가처럼 빛난다

하여, 소금 기둥으로 변해버린다 해도
이곳을 돌아보지 않을 수 없으리라
9시 저녁 뉴스의 엽기와
반복되는 죽음과 치정의 일상 속에서
마치 한 소식 들은 것처럼
유유자적하게 적금을 붓고 있는 사람들
유리와 강철이야말로 도시의 윤리이다

오아시스 같은 밤의 주유소
지하 주차장에서의 고독
이유 없는 흐름을 보는 괴로움

나는 그늘 속에 숨어서
가슴 아프게 지나쳐야 할 너의 신호등을 기다린다

오직
이 잔인한 아름다움을 찬미하며
사라지는 모든 광경을 옹호하는,
진정으로

청초호에서

바다에게 노래를 불러주었다.
1미터 둘레의 새벽에게
도취해 있는 하얀 등대에게
하얀 등대를 사모하는 정오의 사이렌에게
청어의 비늘로 꼰 밧줄에게

갯배가 청호동으로 흘러가고 있다
바다의 무게 같은 것이,
배 밑창을 긁고 있는 머구리의 호흡 같은 것이
막소주를 따르던 빈 반합 뚜껑 같은

나도 어디론가 흘러가야 하는 것 아닌가

지친 물고기들이
굴러가는 수레의 바큇살 속에서
緣木求魚로 빛나고 있다
서커스 천막 안의 트럼펫 소리
아직도 나는 어린애
새벽의 빛 속에 혼자 서 있다

天上列次分野地圖

  영랑호에서 낚시를 한다
  나는 사람이 호수에 빠져 죽으면 조개가 그 살을 먹고 자신의 단단한 껍질을 만들어낸다고 생각했다
  그래서 민물 조개는 먹지 않았다
  영랑호에서 낚시를 한다
  물풀들처럼 무서운 것은 없다
  조용한 바람을 타고 번져가는 들풀처럼
  부드럽게 휘감아오는 저 죽음의 춤
  아직도 내가 은근한 부름에 소스라치게 놀래는 건 그 때문이다
  영랑호에서 낚시를 한다
  그러다 밤이 깊으면, 東宮靑龍七宿를 타고 三垣 28수를 여행한다
  자미성으로 칠살성의 악함을 제압시키고, 거문성의 폭력성을 잠재운다
  내가 영랑호에서 낚시를 하는 이유는
  간절히 고래고기가 먹고 싶기 때문이다
  봉황은 미끼만 따먹고, 남쪽 하늘로 날아가고
  큰 암소가 거북의 껍질을 쓰고 나타났다
  나는 영랑호에서 민물낚시를 하며, 이게 무슨 뜻인가

생각했다
아무리 그렇다 해도
태양성과 타라성이 같이 입질을 하는 것은
좀 이상한 일이다
매년 동지의 밤마다
누군가 노새를 끌고 영랑호에 와서
환생을 읽고 가는 것은, 좀더 이상한 일이다
나는 영랑호에서 낚시를 던져놓고
식구들이 걱정하는 줄도 모르고 노래 부른다
그러다 보니 어느새 낚싯대가 썩어 있고
기다리는 짐승이 왔지만 누군지 알지 못한 채
비늘 한 장만 달랑, 수수께끼처럼 남겨져 있다
집에 돌아와 보니 식구들이 내 새끼, 저 새끼 한다

비늘의 첫 페이지를 연다

聖者는 맛있다

히말라야에 가면
하시시를 피우며 깨달은 체하는 聖者가 있다
이들에게 도를 물으면
하시시를 권한다
나는 이 聖者들을 데리고 외옹치 바다로 갔다
오징어 덕장이 있는 해변에서 소주를 마시며
동해의 파도들이 달려와 가장 먼저 부서지는
외옹치의 절벽 위에서 놀았다
한 聖者가 기타를 치는데
거의 절정이다
바로크적인 장식음들이 빛과 한 현을 이루더니
나중에는 바다에 모핑했다
파도가 聖者를 이고
아오모리 해변으로 오호츠크 해로 떠났다
우리는 발을 구르며 기뻐 날뛰었다
거울을 깨서 서로의 몸에
'아름다운 신의 이름으로'라고 적어주었다
한 수피는 '등대'라고 새겼다
절벽 위에는 별빛도 일찍 내려와
젖은 수염에서 반짝였으므로

아무도 목마르지 않았다

땀과 빛의 육체를 걸고
우리는 서로의 먹이가 되었다
聖者는 맛있다

지하도의 광인 — 시청 앞 지하도를 걷고 있는데 한 광인이 "하나님은 명령이고 계시이지 니네들이 연구할 대상이 아니다"라고 일갈한다. 나는 그 별안간의 소리를 듣고 문답을 나누는 걸인들에게 다가가 허리를 숙이고, 그 이후로 늘 지하도의 광인에게 청해서 들었다. 그는 성서에 해박한 지식을 가졌으며 말씀의 본질을 꿰뚫고 있었다. 뿐만 아니라 易과 물리에도 밝아 야훼의 분노를 증명하는데 틀림이 없었다. 그런데 어느 날 그가 불현듯 내 이름을 물었다. 나는 이상하게도 그 순간 내 이름이 생각나지 않았고, 그러자 광인은 신에게 생의 마지막 자비를 구하기 시작했다. 그래서 나는 그를 외옹치 바닷가에 데리고 가서 절벽 밑으로 밀어 죽였다.

封印

살아서 돌아가긴 다 틀린 일이야
술자리에서 끝까지 남아 있는 자들은 슬프다
구름의 길도 보이지 않으니
누군가(아니, 어떤 라마승이)
자신의 허벅지뼈로 만든 나팔을 불며
큰북과 바라(청동으로 만든)
나각(소라로 만든)을 차례로 연주하고 있다
이티 사마야 기야 기야 기야[1]
술을 마시다가 머리를 적신다[2]
여우야, 나는 마지막 패를 버리고
아직 들리지 않는 먼 옛날의 울림을 만지리라
지팡이를 꽂고 잎을 피우니
온 들판이 피바다다
내 곡조는 왜 이렇게 지난한 끼니처럼
자꾸 얹히어서 끄윽끄윽 헛트림만 틀고 있는지
무성한, 정말 무성했던 날이 있었는가?
꽃 속에 또 꽃이 있구나
짐승 속에 또 짐승이 있구나
지혜로운 자는 바다에서 죽고, 어진 자는 산에서 죽어
말씀의 긴 이랑도 거북 등처럼 갈라져

처음 보는 괘가 출현하니
아무리 들여다봐도 알 수 없다
나아가면 불리하고 물러서면 이롭다 한들
알면서도, 알면서도 나아가야 하니
스승은 나를 속이고
더 이상 성인이 나오지 않는다
단지 허무한 끝에서 일으키니 슬퍼라

연꽃 속의 보석이신 분께 영광을
그리고 나는

——어둠 속으로, 어둠 속으로

목련나무의 기억

아무도 그 나무의 만발에 대해
기억하지 못했다
잠시 동안의 그늘은
꽃을 본 늙은이, 이미 한 시절 다 보내버린
(性을 알 수 없는 노파의 것이므로)
꽃은 향기를 거두고, 이제 매미가 울게 하라
도취와 광란의 숲으로
애야, 풍금을 가져오너라
네가 꽃을 보았으면
이 노래를 멈추지 않을 것이다
아직도 빈 의자는 생각한다
언젠가, 우리가 돌아가야 할 먼 미래에
의자에 앉아 잠들어 있을
자신의 모자에 파묻힌 늙은이
그 갓 태어난 시뻘건 늙은이에게
어떤 노래를 지어 바쳐야 할지
그리고 나뭇잎 사이에서
허리가 끊어지도록 웃던 아이가
바람은 어디서 데려오지요?
하고, 묻는다

하는, 모습이 아주 우습다
그 길모퉁이를 돌아 올라가면
일곱 계단 위로 낡은 의자가 보일 것이고
담배를 피우는 아이가 물을 것이다

그러나, 아무도 그 나무를 알지 못했다
미래로 돌아가는 길
밤꽃 하얗게 핀 나무는 늙었다

거꾸로 서 있는 마을

밤을 바라보는 눈은 아름답다
아무 곳도 응시하지 않는 막막함
어찌해야 할까, 나는 어찌해야 할까?
저 나무를 어떻게 먹을 수 있을까?
내 눈은
어두운 물소리—나는 아주 처음 듣는 낯선 가락을
흥얼거리며 부르고는,
어디서 온 곡조인지 나도 몰라 하는구나
너도 먹는 괴로움을 알고 있기 때문일까?
별들의 노래
빛은 아름다워라
물속에는 처음 보는 잠이 있으니
흉몽인지, 길몽인지
모든 길들은
자신의 내부를 들여다볼 줄 아는 천형을 새기고
지상의 나무들은 땅속을 만지고 있지

더듬어 지하의 수맥에
손을 씻고 있네 저 나무들
빛과 그림자의 계절

자그마한 비밀이라도, 아는 자는 슬프리
땅이 스스로 자신의 말을 덮듯이
집은 언제나 안개에 덮여 있네

모미[3]

모미는 어둡다
다른 세계, 이것이 모미다
아무것도 없는 곳에 손을 내밀어 잡는 한 꽃송이
누가 너를 이 허무에서 피웠는지
텅 빈 고장에서 내가 부르는 이름이여,
그리움만으로도 온 들판에 만발하다
환각이 아니면 환상은 표현되어지지 않는다
모미는 나의 기억이고
기억은 재현되지 않는다
그대가 우리 사랑에 대한 추억을 멈추지 않을 때까지
나는 살아 있을 것이다
모미 안의 거대한 세계를 보며
비로소 나는 다른 우주의 넓이에 와 있다는 것을 안다
깜빡거리는 존재들──누구에게나 지울 수 없는 고통이 있다는 거겠지
그것들 때문에 괴롭다
지워지지 않는 기억의 고통-추억 속에서, 나는 지금도 너를 사랑하고 있다
나는 그 괴로움 속에서
다른 고통 속으로 빠져든다

세계(易)가 간단하다고 말해지는 것은
이 복잡성을 극복하는 아름다움이 있기 때문이다[4]
죽은 자만이 닿을 수 있는 깊이
나는 그 깊은 침묵의 바닥에서
갈대의 빈 몸을 바라보고 있다

춤을 추는 자는 누구인가?
누가 시켜 춤을 추는 것인가?
이 치명적인 오류
저 고요한 어둠 속에서
누군가 나의 빛을 보고 있을까?
살려달라고 기도하고 싶다

스스로 방전하는 나무처럼
어쩔 수 없이 확장하는 번개처럼

거미의 서가

『조선노동당 약사』, 이정식/이론과실천/1991년 02월/정가: 6,000원——"나는 남조선의 간첩입니다." 박헌영은 형장의 이슬로 사라졌다 책을 펴는데 알맹이는 없고 책 겉장이 툭, 하고 바닥으로 떨어졌다 李東輝, 金日成, 金枓奉 같은 이름들을 주워 올리며 여운형의 아령이 서가 밑으로 굴러다니는 것을 본다 김은 "모든 당원들은 게릴라들이 취한 대중에 대한 태도에서 배워야 할 것"이라고 말했다

『유목 민족 제국사』, 룩 콴텐/민음사/1984년 01월/정가 6,500원——발음 지침은 웨이드 자일 Wade-Giles 중국어 영문법을 따라 北京을 'Pei-ching'으로 표시하지 않고 'Peking'으로 했다 한자로 표기된 몽고 어휘를 라틴 문자로 전사할 때 한자음, 당시 몽고어 현실음, 고전 몽고어형, 세 가지 요소를 고려하게 되는데, 그 중 어느 것을 더 강조하느냐에 따라 轉寫形이 달라진다

인터넷 전생 찾아보기에서 나는 티베트의 물고기였다고 적혀 있다 그런데 요즘에는 이슬람의 성문천사(聖門遷士)였을 지도 모른다는 생각을 한다

『러시아 혁명사』, 김학준/문학과지성사/1999년 12월/정가: 38,000원——독약이 든 과자와 술을 마신 요승 라

스푸틴은 유스포프에게 기타를 쳐달라고 청했고, 이에 따라 겁에 질린 암살자는 기타를 치고 시체는 흥겹게 마시고 노래 부르는 기이한 광경이, 두 시간 반이나 지속되었다 그는 결국 총을 맞고 네바 강물 속에 던져졌지만 그의 사인은 독살도, 총살도 아닌 익사였다

『카발라』, 찰스 폰스/물병자리/1997년 10월/정가: 8,800원—어떤 단어라 할지라도 그것이 네 문자라면 그것은 테트라그라마톤Tetragrammaton이다 그것의 기원은 출애굽기 3장 14절에 보이는 다음의 구절에 있다 '나는 스스로 있는 자이니라 I am that I am'

『우리 할아버지』, 존 버닝햄/비룡소/1995년 09월/정가: 6,500원— 잎은 푸르고 풀은 자라네/꽃은 지고 바람은 부네/영원히 살 수 있는 장난감 세상을 만들자—

사랑은 인생의 독이다라는, 말을 주석으로 단다

자장면은 전화선을 타고 온다

자장면 왔습니다
자장면집 배달원이 자장면을 가지고 왔다
거기 놓으세요
가장 어린 직원이 신문지를 편다
야근을 자장면 먹듯이 하는 때
우리는 둘러앉아 자장면을 먹는다
만 사천 원입니다
덤으로 튀김만두도 가져온 배달원은
빈 철가방을 들고 나갔다
우리는 자장면을 먹으며
자장면집은 과연 어디에 있을까? 생각했다
어느 집이나 다쿠앙의 맛은 다 비슷하고
배달 오토바이의 종류도 다 비슷하다

우리는 자장면을 먹으며
비닐 랩이 없던 시절에도 국물 한 방울 흘리지 않았던
그 초절 기교의 배달원들을 생각했다
그때도 자장면집은 존재하지 않았다
자장면을 다 먹고 빈 그릇을 복도에 내놓으면
언제 와서 가져가는지 모르는

과연 그 자장면집은 어디인가?
전화를 걸어
"자장면"
하면, 오는
말이 이루어지는

그랑호텔[5]

돌아와보니 풍경은 폐허다
아무 데도 간 적이 없는데
언제 이렇게 피폐를 겪었을까?
돌아와보니 풍경은 살풍경이다

아, 幻은 벗겨져나가 신작로 바닥에서 나뒹굴고
이제 무엇으로 이 멍징한 삶을, 두 눈 뜨고 바라볼 수 있을지

언젠가 눈먼 구비의 저술가가
내 이마에서 이날을 읽어냈듯이
찬 바람만 몰아치는 언덕에 서 있는데
웬 노인네가 지팡이를 빌려준다
"이성의 벼랑으로 가는 길이 어디지요?"
"몇 발짝 앞이랍니다"
그와 헤어지자마자 지팡이를 버리고 돌아온다
아무 데도 간 적이 없는데
모두 오랜만이라고 악수를 청한다
그랑호텔에서, 그랑호텔의 투숙객들과
나락의 점심을 먹는다

딴은, 기도는 모든 질문에 앞서 나아가며
또는, 우회한다
(툰드라가 황금색으로 변하면
母川回歸의 연어도 자기의 길을 의심할까?)
점점 행복해진다
그 길 없는 바다가

해변 여관

해당화와,
해변에 버려진 떡과 명태 눈깔에 대한 숭배
나는 향과 불에 취해, 푸른 발자국 사이에 젖어
붉은 살 송어처럼 노래 부르고 있다
온몸이 귀가 되어
너를 향해 열려 있는 이 하루 종일
저 바다, 미망을 딛고 넘어오는
설픈 그리움 하나 없는 오랜 항해
너는 해당화, 붉은 해당화와,
사라져버린 너의 샛노란 축제

바람의 길이여, 부디
이 푸르름 속에 나타내어라
온갖 잡종과 교배의 방식을 숭배하는
내 귀는 아직도
심연에서 웅크린 채 다시 떠다니고 있으니
없는 길을 보여다오
나의 푸르른 누벽에 새겨진 목쉰 향내와
모든 환각의 존재를
그리고

너의 끝없는 몸을 더듬을 수 있게

　何如歌 ─어렸을 때 옆집에 양키를 닮은 또래 애가 있었다. 동네 친구들은 그 애가 양키와 교접해서 낳은 애라고 수군거렸고, 나도 그렇게 알고 있었지만 지금 생각해보면 분명 그 애는 자기 엄마를 닮아 있었다. 엄마가 양키처럼 생겼다. 우리는 그 애를 튀기라고 불렀다. 우리가 튀기라고 부르면 그 애는 울면서 우리에게 돌을 던졌다. 튀기는 놀림이었고, 멸시의 대상이었다. 그리고 지금 내 주변을 돌아보면 온통 튀기 아닌 것이 없다. 하이브리드한 세계. 나는 이것을 탐구했다. 그래서 때로는 내 시가 세계보다 더 하이브리드했다. 만수산 드렁칡 같은. 얼크렁 설크렁 섞여 있는 것들.

상했어, 썩었어, 더러워

어머니가 부뚜막에서 칼을 간다
형은 고양이처럼 생선을 잘 먹었지만
나는 비린 음식은 먹지 않았다
어머니는 비늘 없는 생선만 사 오셨다
마당에 부용꽃이 몇 번이나 피고 졌지만
나는 너무 오래 밥을 먹어
다른 식구들의 밥그릇에는 먼지가 수북했다
보다 못한 어머니는 고등어 살 한 점을 떼어
입 속에 넣어주려 하셨지만
나는 입을 다물고 받아들이지 않았다
    (나는 내일 아침에는 어머니 구일 먹을 수 있겠지)
이해할 수 없는 형이 강제로 입을 벌리게 했지만
고등어는 그렇게 내 입 안에서 썩어갔다
우물의 물이 눈뜰 때까지
상했어, 썩었어, 더러워

나는 아직도 먼지 뽀얗게 내려앉아 있던
그날의 풍성한 식탁을 기다리고 있다

고귀한 모험을 찾아서

지식(知識) ①황제 왕망은 자신이 신성한 불사신이 되어야 한다는 것을 칙령으로 공표했다. 천재 필립푸스 아우레올로스 테어프라스투스 붐바스투스 폰 회헨하임 Philippus Aureolus Theophrastus Bombastus von Hohenheim(1493~1534)은 『화학 입문』에서 신의 지식은 권력으로 이루어지는 것이 아니라고 비웃었다.
②내 지식이 독한 달러를 구하지 못하니 나는 김대중 치하에서도 잘살기는 다 글렀다

지식(智識) ①(과학Abidya 범) 몡→Anti-knowledge의 의미를 가진 인도어. ②유럽 문학의 역사에서 『파우스트』에 대한 최고의 조롱은 그 이후가 아니라 그 이전에 있었다. 저 위대한 반지성적 주인공은 기사도 이야기에 너무 깊이 빠진 나머지 정신이 약간 나가서 고귀한 모험을 찾아 세상에 나온다 — 금지된 지식, 로저 샤툭 著 ③⇒선지식(善智識) 웬 중이 사랑하던 여자를 토막 살인한 후, 가부좌를 틀고 집 한 채를 방화했다. 정말, 죽기 아니면 살기로 해탈을 감행하다니.

지식 계급(知識階級)⇒ 분명 90년대는 80년대에 대한 조롱이다. 당사자들이 서로 동일인이므로 틀림없는 자기 비하일 것이다.

지식 산업(知識産業) ①달러가 되는 지식. ②불온성이 제거된 지식. ③나는 의사와 神이 하지 말라는 짓들은 다 하고 살았다. 밀가루 음식을 먹었고, 불립문자와 돼지고기와 술을 마시며 내 이웃들과 싸웠고, 늘 내 이웃의 여자를 탐했다. 나의 지식은 물건(物件)²[-껀]이 아니므로 모든 청구서들을 무시했다. 그랬더니 신용 카드 회사에서 나를 온라인으로 지명 수배했다. ④⇒신지식(新知識); 지식인의 새마을 운동. 도대체 이 사회는 원하는 것이 없다. ⑤갑자기 세상이 너무 건전해진 것 같지 않은가?—이제야 삶이 온통 흔들려버렸다는 걸 알겠다는 듯이, 괴로워하는 숲.

죽음의 기하학

우리는 바빌론의 개천가에 앉아
Zion을 그리워하며 눈물 흘렸노라;[6]
  날것에 대한 두려움
  숲에 대한 공포 같은 것들

헤로도토스는 높이가 200페큐스, 폭이 55페큐스의 이중 성벽이라고 적었다. 유대인 포로 1만 명이 눈물 흘렸던 바빌론 궁성, 이중 성벽 바깥의 濠

―그 개천가에 앉아 나는
이 자연의 결핍에 대해 숙고했다
문명과 죽음의 등식을
자연과 도시의 평등을

오늘이 환멸이듯이
그리운 과거는 환멸
다음에 보이는 미래일 거라고
나는 낡은 지도 위에 적었다

노예들이여, 그리고 이 지도는
우리의 먼 우물을 추억하는

새로운 환상 신전의 설계도
라며, 노래는 얘기한다
그러나 결코 돌아가지 못하리라

(신탁은) 헤매지 않고서는 닿을 수 없다
했고, 그대가 찾는 것은 어디에도 없다, 고
축복한 다음
; 숲을 떠나 너의 종족을 이루었으니
그로 인해 멸망하리라고 주기했다
한 촉망받는 예언자가 황망히
환희의 귀향을 호소했으나

나는 구름의 엔진 소리 때문에
귀를 막고 싶었다
다시 노래여, 죽음에서 돌아온 영혼들이여
나로 하여금 두려워하며 설렘에 다가서게 하는
이 문명의 채찍
(이 불행한 性은 우리가 신으로부터 구전에 의해
은밀히 받은 또 하나의 율법)[7]
나는 신에게 그의 이름을 물었으나

어디로 돌아갈 수 있으랴
불멸의 노래를 멈춰버린
비애에 찬 예언자의 길

다시 몰락의 지도를 걷는
이 죽음의 순례를

Incarnation of language —— 제2차 바빌론 수인 대열에 끼여 있었던 예젤 키엘은 언젠가는 꼭 되찾고야 말 환희의 귀향을 노래하면서 급기야는 시를 통해 환상 신전을 구축하기에 이른다. 이 말이 이루어지는 광경. 역사는 진실이나 진리의 문제가 아니라 말이 몸을 입는 과정과 그 좌절에 대한 기술이다.

벚꽃 핀 술잔

마셔, 너 같은 년 처음 봐
이년아 치마 좀 내리고, 말끝마다
그렇지 않아요? 라는 말 좀 그만 해
내가 왜 화대 내고 네년 시중을 들어야 하는지
나도 한시름 덜려고 와서는 이게 무슨 봉변이야
미친년
나도 생이 슬퍼서 우는 놈이야
니가 작부ㄴ지 내가 작부ㄴ지
술이나 쳐봐, 아까부터 자꾸 흐드러진 꽃잎만 술잔에 그득해
귀찮아 죽겠어, 입가에 묻은 꽃잎이나 털고 말해
아무 아픔도 없이 우리 그냥 위만 버렸으면
꽃 다 지면 툭툭 털고 일어나게
니는 니가 좀 따라 마셔
잔 비면 눈 똑바로 뜨고 쳐다보지 말고
술보다 독한 게 인생이라고?
뽕짝 같은 소리 하고 앉아 있네
술이나 쳐
또 봄이잖니

레몬 트리

그녀가 소금에 절여져 있네
레몬 트리 소금은 슬프게 빛나고 나는
사랑을 말하기 위해
천 개의 단어를 사막에 심었다네
바빌론의 강가에서 나는 고백했지
레몬 트리 레몬 트리, 모든 물결들이 나를 춤추네

— 모든 것들이 썩어가고 있네
   꽃의 기다림

나는 물의 심연으로 돌아간다네
열매와 함께
죽음과 함께

남자는 도시락에 썩은 음식을 넣고
여자는 상처로 옷을 짓고 있네
레몬 트리 나는 돼지처럼 먹고
그녀는 붕어처럼 허기를 탐닉하네

그녀는 이 어항의 사랑을 말한다네

신성한 결혼이 치러지는 이 소풍
그 바닷가, 우리들의 유랑과 늘 함께하던
레몬 트리 레몬 트리— (슬픔이 나를 해변으로 몰고 가네)

귀에 살이 찌네
별의 언덕에서
사막의 아파트까지
(악취와 함께)

누가 이 바람과 불의 사막에서
세상에서 가장 긴 강을 건너
찰나지간에 만발하다 져버릴 꽃
슬픈 나의 노래를 기다려줄까?

레몬 트리 레몬 트리, 사막에 귀기울이며
나는 오래
흐르는 물 속에 있네
꽃과 함께
또, 죽음과 함께

대포항 방파제

바다는 보이지 않고 별만 보인다
나는 또 혼자 중얼거릴 것이다
망했는데도 왜, 끝은 보이지 않는 것일까?
파도는 병신, 너는 병신, 하며
대포항 방파제를 돌아서 나가고 있다
어차피 내 청춘의 실패는 지난날의 환멸과 같이 가버렸다
나는 안다
기껏해야 몇 개의 별빛을 쥐고
돌아온 길을 다시 가야 하는 이
되풀이되는 생의 곡조를
어디 한 걸음이라도 헛디딜 수조차 없으리라
(알렉산드로스가 인도에서 세계의 끝을 보았을 때
그는 죽었다)
밤의 방파제 깊은 구멍 속에서 들려오는
끄으는 파도의 쇠사슬 소리
나는 언제나 헛된 희망만을 가지고
이 별빛 많은 바다를 돌아섰단 말인가?
등대,
저 등대까지만 더 나가자

별이여, 파도여
언제나 그랬듯이
돌아가는 길은 또 처음 걷는 길처럼
쇠미역에 밥을 싸 먹고
헤헤거리며

옛 그늘

옛 그늘에 들렀다
꽃은 예전에 지고 잎은 떨어져
그늘은 비어 있었다
칼부림으로 가지의 그늘들이 얼굴을 난자하고
빛은 눈부셨으나── 나는 성냥을 그어 죽은 나무를 태웠다
상한 가지들은 괴로워하며 발화를 꿈꾸고
새들은 날아가지 않았고
나무 위의 사람도 도망가지 않았다
다른 나무들이 손을 뻗어 옛 그늘을 훔쳤다
그건 죽음의 옷이야, 나는 수화로 얘기했다
누군가 그 밝음을 엿듣고 강을 건너갔다
풍경은 감로탱화처럼 혼재되고
시절을 묻지 않게 되었다

무엇이 누구에게, 누가 무엇에게
옛 그늘에서 나무를 붙잡고 운다
그때, 우리는 진정 불처럼 일어서고
불 속의 바다처럼 고요히 숙고할 줄 알았다
우리는 신의 운명을 바꿔놓을 것이다

화르르르
뜨거운 불덩이가 길을 건너간다
나는 해일이 깎아놓은 절벽 위에 서 있었다
곧 무너지리라

불의 그늘도
이, 한 시절도

얼굴

꽃이 피었다
나는 자전거를 타고 꽃의 흰 이마를 달렸다
소쩍새의 울음을 너는 들었는지
산이 있는 곳에서는 지하철을 타고
푸른 꽃의 줄기를 여행했다
삼송-원당, 어둠 속에서 나는 느낄 수 있었다
꽃들이 괴로워하는 얼굴을
영원히 삼송에서 원당에 이르지 못할 것 같은 어둠
너의 이름
이 줄기는 영원히 꽃에 이르지 못하고
우주의 끝을 본 자는
스스로에게 이 꽃을 바치게 될 것이다

우주의 나이보다 더 오래된 얼굴들
사랑은 피폐하고
눈물은 마른 강처럼
몇 번이나 꽃이 피는 모습을 보았던 것일까?
오직
돌이 늙지 않는 이유는
불에서 태어났기 때문이다

가슴 아픈 필적들
이 길은 무엇의 경계인지

욕된 숲

숲을 보며 이를 닦는다
한여름의 푸르름 속에서도
늙음은 있다 죽음은 그전의 일이다
모든 노래는 이것을 기린다
가슴 아프다 ─ 라는 것
그대를 사랑한다는 것
내 손에 피를 묻히고야 말겠다는 것

연어를 먹는다
남대천 바닥의 물풀들이
혀를 감고 있다
신호등 앞에 심어진 나무는
붉으락푸르락한다
그렇게 모욕당한다

장모의 얼굴에서 아내의 늙음을 보는 것은
지루한 일이다
말할 수 없이 쓸쓸한 날들이
나를 기다리고 있다는 운명을
이제야 믿는다

그러고 나서야 모든 노래가
비로소 시작되는 것이다

세상이 안개에 뒤덮이는 시간이 있다

별의 운명이여, 나를 그 빛 속에 가두어다오
나, 이제, 나를 사로잡던
모든 잔상들에 대해 결별하고
오직 어둠을 보니
장님의 귀로, 저 정교한 우연의 흠들을
짚어 갈 수 있게

어떤 나무들은 생각한다
버스를 기다리던 그 남자의 얼굴과
한 떠돌이별의 여행을
왜 들판의 강들은
나무의 뿌리를 가슴에 심고 흐르는지

그리고 우리는 보았다
다시는 만나지 못하리라는 것을

밤의 강들은 나무에 대해 생각한다
그리고 나는 그 남자에 대해 생각한다
이렇게 얕은 강물 위로
검은 물고기들이 밤별들의 소리를 따라

아주 돌아오지 못할
우연의 강변을 넘어간다

세상이 안개로 뒤덮이는 시간이 있다
불쑥 내가 그 남자의 지느러미를 보는 시간이다
젖은 노에 말려 소용돌이치는 별빛들

빛의 운명이여, 이제 부디
나를 그 어둠의 빛 속에 가두어라
어두운 내가
별의 강들을 흘러
노 저어 나아갈 수 있게

바다 속 마을

눈이 내리는 속초는 바닷가 덕장에 널려 있는, 푸른 명태의 아가미 근처에 있다 아— 하고 벌린 입 미세한 이빨들 사이로 눈이 쌓이고, 그런 날 겨울 바다는 적막이다 명태 아가리에 소복이 쌓인 산송장 같은 눈을 훔쳐먹으며 아이들이 빈 그물을 흔들고 있다 무너져내리는 함박눈 맞으며 누군가 환난의 호루라기를 불어 언덕 아래로 뛰어내려온다 사르락사르락 눈 내리는 소리가 낮은 파도 소리와 같이, 얼어붙은 모래사장에서 살을 섞고 있다 긴 목도리를 눈 밑까지 두른 옆집 누나가 슬리퍼를 끌며 우체통에 편지를 넣는다 궂은 날이나 마음 다친 날은 灣을 건너는 사람 없어, 갯배에서 바다로 내린 밧줄 위로도 흰 눈은 쌓이고, 그런 날 속초는 지상에 없는 마을 같다 누군가 아주 멀리서 누군지 모르는 흐린 이름 부르는 소리 들린다 저 배 위로 아무 울림도 없이 흰 눈은 쌓여 바닷가 모래밭과 흰머리 무거운 송림 사이에서 붉은 해당화도 서럽게 설핏, 피다 만 것 같은…… 그런 날 속초는 아가미 호흡을 하는 슬픈 생선 같기도 하다가, 아무래도 그물에서 잘못 건져 올린 죽은 시계 소리 같기도 하다 등대는 뚜우 뚜우 배들을 부르고, 안개등을 흔들며 호응하는 목선이 들어오는 세상의 바다 바다 속 마을에는 흰 눈이 내려, 깊은 바다 속 골짜기에도 하염없이 눈은 내리고, 영원히 발견되지 않을 유물처럼—눈白은 내리고

꽃불, 화염

 당숙의 상여가 갑자기 하늘로 치솟으며 타올랐다 서늘한 종이꽃들은 한순간에 사라지고 온갖 헛것들이 다정해져 육촌형은 어떤 새끼냐며 소리를 지르며 울었다 사람들이 불을 낸 동네 머슴을 집단 구타했다 아버지는 쭈그리고 앉아 담배를 물며 그런 파경을 축복해주었다 꽃불, 화염── 상여는 불기둥을 이루며 높은 소나무 가지를 태우고 무주공산으로 번져나갔다 순식간에 우리는 모두 불길 속에 갇혀버려, 울면서 산을 내려가는 방화범의 뒷모습을 보았다 형님이 나한테 이럴 수 있소? 아버지는 담배에 불을 붙이며 불길을 건너는 당숙에게 물었다 사람들이 아버지에게 빨리 관 위에 눕지 않는다고 성화였다 아버지는 기왕에 파둔 구덩이에 눕겠다고 고집을 부리셨다 나는 아버지에게 불 위에 누울 것을 권해드렸다 불 바깥에 모인 동네 사람들도 소리질렀다 불 위에 누워라! 불 위에 누워라! 내년엔 송이버섯이 잘될 거야 아버지는 은밀하게 송이밭을 일러주셨지만 나는 부러 듣지 않았다 호르르르륵── 엿듣던 새들이 꼬리에 불을 달고 하늘로 솟아오르고 있었다 나는 내 욕망의 그늘을 조금씩 불길에 던져주었다 아아, 그늘을 쓰고 늙어가리라 우리는 모두 불 속에서 행복했다 술과 시에 취해

자작나무 이파리의 반짝임 속에서
 긴 휘파람 소리 꽃불 화염을 만지며

論語

아내도 늙어간다 처제도 늙어가고, 형수도 늙어가고, 장모도 늙어가고 늙으신 아버지도 늙어간다
나는 웬 여자를 쫓아 이상한 강변에 나와 있다

라 칼리포니아라는 이름의 그의 거처 현관 계단에 피카소와 자클린이 나란히 서 있다[8]

한국의 근해 어업은 수산물 총생산량의 45.9%를 차지하며 청진·성진·신포·홍남·원산·장전·속초·주문진·후포를 포함한 구룡포에는 명태가, 특히 속초 이남의 동해에서는 오징어가 많이 나고 부산·충무·삼천포에서는 꽁치와 멸치가, 제주에서 목포까지는 갈치가 많이 난다 인천을 중심으로 서해에는 가자미와 넙치가 많이 난다

봄이 오면 새옷으로 갈아입고 머리에 무스도 바르고 코에 구멍도 뚫어서 은고리도 달고 홍대 앞에 나가 쌈박한 여자를 꼬시겠습니다 그러자 공자가 말했다 나도 그러고 싶다[9]

흘러간다

신도림을 지나면 문래가 나온다
문래 다음에는 영등포구청이 있고
영등포구청을 지나 당산과 합정 사이 한강이 있다

뽕나무 밭이 푸른 바다가 되어
더할 나위 없이 아름다웠던 풍경

저녁이면 한강의 푸르름이 강을 물들이고
지하철 2호선은 흘러간다

누추한 게 몸이니?

강물처럼 흐르는 차창들은
환등기에 걸린, 다 돌아간 흑백 영화 필름처럼
탁, 탁, 탁, 탁, 같은 자리를 맴돌고 있다

아무 슬픔 없이 모든 길이 다 다리였으면

철컹, 철컹, 철컹, 한밤의 철교 위를
반짝이는 무엇이 흘러간다

그 민물에는 지금쯤

 그 민물에는 지금쯤 총천연색 필름이 늙은 낙엽처럼 쌓이고 있을 것이다 먼 길을 달려온 덤프트럭들이 잠깐 멈춰 몸을 씻고 있을 것이고, 네온의 입간판들이 깜빡깜빡 흘러 어느새 하구에 닿아 있을 것이다 그 민물에는 지금쯤 산란기의 송어가 차에 치여 쓰러져 있을 것이고, 물풀들의 어두운 숲이 새롭게 공원으로 단장되어 있을 것이다 강물은 흘러 유쾌한 청사진 위를 넘치고, 소립자 애니메이션처럼 민물의 색들이 점점이 퍼져 흩어져갈 것이다 대책 없는 떠돌이들, 시간을 갖고 있지 않은 인생들, 나무의 뿌리 같은 미미한 유랑들이 스스로 또, 어쩔 수 없이 흘러간다
 하구를 넘어가면 바다가 있다
 가끔 바다는 민물로 넘어오고 그 민물에는 지금쯤 어린 우체부가 흐르는 강물 위에 손을 담그고 편지를 넣고 있을 것이다 대나무숲이 물을 마시러 민물로 내려온다 산수유를 보고 왔더니 개나리는 참혹해서 볼 수가 없다 어느 농경 민족의 할머니가 미군 부대 담 밑에 쭈그리고 앉아 쑥을 캐고 있다 봄볕이 따뜻한 날이면 어김없이 불려 나오는 저 속상한 몸의 기억— 뇌 호흡보다 아가미 호흡이 마음에 들어라 그 민물에는 지금쯤 낙조가 몸을

두드리고 쓸데없이 오늘이 강 어귀를 적시고 다닐 것이다 바람의 아가미, 불의 호흡, 누가 시키지도 않았는데 문득 열리고, 노래 부르고, 뛰고, 도약하며, 닫히는 것들, 스스로 그러하며, 어쩔 수 없이 그렇게 될 뿐[10]

 꽃을 잡았는데 꽃잎은 투명한 비늘이 되어 그 차가운 민물을 거슬러 올라가는

흐린 유원지에서 나는 운다

시절아, 나, 간다
나, 흘러간다
탁주에 흐린 꽃잎들
번번이 보내고야 만 것들
나, 웃으며
무심히 손 흔들던 것들
그러나 한없이 내 몸
구부러지며 남던 마음들
시절아, 傷한 시절아
무릎 꺾어지며, 머리 찧으며 오줌 누던
누벽아
깨끗이 돌아서 자던 이별아
너, 어디서, 마음 없이 흐르던 기억만 남아
너, 어디서, 대책 없이 맴돌던 못된 버릇만 남아
때로는 울고, 때로는 웃던
한결같은 노래만 남아,
시절은 추억의 현관에서 쓰러져 자고
나는 운다
들리니? 낮은 창가 소리
꽃신은 잃고 잔은 넘어져

저 혼자 끄덕거리던 마음들
빈 산 명월이라더니, 꽃패라더니

시절아, 만신창이야,
흐린 유원지에 버려진
개가죽 설장고처럼
나는 운다

나무는 배고프다

안국역의 빵냄새
빛을 소화하지 못하는 나무는
지하도를 걷고 있다
출구를 나오자 초밥에 얹은 와사비 같은
일본 문화원이 있다 잘못 나온 것이다
성스러운 은행나무들이 철사줄처럼
위태롭게 서 있다
나무는 배고프다
어느 사가에서 된장찌개 끓이는 냄새가
복음처럼 퍼져 있다
냄새만으로도
사막의 사람들은 배부르다
영혼의 냄새
몸이 이렇게 처량하니
꿈은 죽음인데 어디에 가서 자려고?

아랍어에는 낙타를 말하기 위해서
천 개 이상의 상이한 단어가 있다
몸이 너무 어려워—
나무는 공중전화 앞에 줄 서 있다

그 길이 사막이야

고등어

마당 밖에 개들이 가득 몰려와 있다
삶은 호박잎에 고등어조림을 싸 먹다가
무심코 생선 살을 한 점 떼어 환한 마당에 던졌다
나무 한 그루 없는 마당에
고등어가 재빨리 지느러미를 달고
허공을 거슬러 헤엄쳐 뒤란으로 사라졌다
개들은 꽃담 밖에서
사라지는 고등어의 꼬리를 물끄러미 바라보고 있다
우물 마루에 놓인 대접의 물이
쿨럭, 기침 소리를 내고
절로 파문을 가라앉히려 애쓴다
대숲은 아까부터 고요하다
결국, 순수한 의미의 발견자는
벙어리일 수밖에 없는 것일까?
늦은 잠 끝에 아무것도 먹은 게 없는데도
그만 숟가락을 놓는다
이름 모를 물고기들이 추녀의 막새에 걸려
눈부신 낙수처럼 흔들리고 있다
어디서 긴 소의 워낭 소리가 들리자
담 밖의 개들이 일제히 동구 밖을 돌아본다

상을 물리고 툇마루까지 나와 앉아
기다린다

단장

먼지들에게 色을 칠해주었다
먼지들은 너무 수줍어 다가가면 가볍게 피하기만 해
꼼꼼한 입자들을 섬세하게 세어가기도 하며
그러다가 아무 아쉬움 없이 數를 잊고 같은 먼지에게 세 번씩이나
다른 色을 입히기도 했다
그러니까 방 안이 온통 무지개다
푸른색 먼지들이 장롱 밑에 쌓여 있고
모서리마다 보랏빛 먼지들이 먼저 한시름 놓고 있다
아, 그대의 노란 속눈썹이……
오래 먹지 않은 빵에 푸른색 곰팡이가 더없이 먹음직스러워

우리는 금방 늙어버렸으나
이상한 늙음을 즐거워했다
아름다운 폐허가 총천연색으로 피어 있는
그대와 나의 방
잠든 그대 콧속에 노란 유채 들판으로
무지개가 강에 나와 물을 마시고 있다[11]

너의 몸 속 어딘가에 있다는

샌프란시스코

먼지들에게 色을 칠해주었다
너의 빛은 너무 아름다워
내 몸은 투명하게 시들어가고
먼지들만 가볍게
햇살 가시 위에서 놀고 있네

바람과 그늘

바람과 헤어지고
돌아와
북한산에 산수유 벚꽃 보러 갑니다
아직 잠은 오지 않습니다
어제는 후원의 층층나무 그늘 아래서
식구들과 전을 부쳐 먹으며
놀았습니다
그게 답니다
가다 못 가면 쉬어 가지요
이젠 노래도 지쳤습니다
앞산 벚나무는 새 홉을 찾았는지
유난히 환하게 숨어 있습니다
바람과 헤어진
바다로 가는 후박나무 길에는
연등이 줄줄이 걸려
중국집 남경관의 붉은 간판이
무색해집니다
사월 초파일이 멀지 않았나 봅니다
물결은 나비의 날갯짓처럼
아무런 시절도 그리워하지 않고

나는 환한 한 송이 앞에서
잡니다
어두운 것은 그늘뿐입니다
그게 답니다

알기 쉬운 독도법
── E7 출판사, 1998
OMO 지음, 陸斯孔譯

1) 李朝 최초의 반란은 이성계에 의해서였다. 무학은 인왕산을 주산으로 한양의 터를 잡았으나……
2) 그대가 찾는 것은 어디에도 없다
 헤매지 않고서는 이르지 못하리
3) 이 者의 길은 회로의 길이며, 길의 장소가 부재한다. 이 者는 Index를 통해 길을 찾는 者이다.
4) 그러나 이 길은 가역적이다.
5) 완벽하게 중국인 행세를 했던 유럽인 마술사 청링수. 그의 중국식 상자에서는 무엇이든지 끊임없이 나왔으며, 특히 총알잡기 묘기로 일세를 풍미했던 그는, 호기심에 가득 찬 관객이 객석에서 쏜 진짜 총탄에 맞아 죽었다. unhappy ending을 들려주던 구한말의 이야기꾼이 지금의 세운상가 근처에서 분노한 청중에 의해 살해당한다.
6) 이것은 아이러니가 아니다. 초기 지하철에는 창문이 없었다. 우리는 항상 대상 object 너머를 보고 있다.
7) 이로부터 이 종파에 '꽃의 아이들'이라는 이름이 주어지게 된다. 히피의 백과사전 'flower child' 항목 참조.

8) 그러니 모든 아방가르드는 사기, 아니면 함정이다.
9) '魏書'에 적혀 있다.
10) 망령이 든 태양신 '레'는 인류를 학살하기 위해 하토르를 자신의 눈目으로서 파견했다. 그러나 잔인한 파괴의 目격자가 되기 싫었던 레는 붉은 황토로 물들인 맥주를 들판에 부었다. 그 광경目과 거기에 비친 자신의 모습에 황홀해진 하토르는 자신의 무서운 임무를 잊고, 거기에 도취되고 말았다. 그래서 인류는 살아남게 되었다.
11) 조련된 곰은 훈련받을 때 겪은 고통의 기억 때문에 춤춘다.

Day sleeper

목욕탕 굴뚝은 높기도 하지
매일 다니던 도로가 더 넓어져 있네
모두 다 어디로 갔을까?
사람들이 침대 위에서 악몽에 시달릴 때
나는 편의점의 불빛을 받으며
　　　두답 빠홍 음싫 이얌이랑 하남유
코를 뚫은 폭주족들이 오토바이를 달리는
오락실에서 총을 드네
테크노 음악에 맞춰 춤을 추는 계집애들은
제자리걸음이네
　　아무것도 부정할 것이 없네
텅 빈 주차장
버려진 커피 캔과 막대 사탕
지하 바에서 풍겨오는 맥주 곰팡내처럼
가끔 건물들이 꿈틀대는 소리를 듣고 있지

(이런 오르가슴을 보는 것은 괴롭다)

주인은 잠자러 가고
환히 불을 밝힌 쇼윈도

텅 빈 분홍빛 선물 가게 앞에서
한참을 서 있네
누가 좀 불러줬으면
야식집 비디오에서 마릴린 먼로가 요리를 하네
어둠을 입어 거울이 되어버린 유리창
도둑고양이들이 쓰레기 봉투를 헤집고 간
한번 들어가면 다시 나오지 못할 어둠 속으로
신문 배달원이 스쿠터를 타고 지나가네
누가 여기서 기다렸는지, 흩어진 그림자들만 남아

부르지 않아도 내일의 노래는 오는 거고
나는 왜 미지에서
낯익은 반복을 꿈꾸고 있는 걸까?

술집 여주인들이 해장국을 사 먹고 서둘러 택시를 잡는,
꽥, 꽥 당인리 철도를 달리는 1930년대식 기차
새벽의 주유소에서는
아무도 길을 묻지 않는다

섬, 여관

　지하철 플랫폼에서 어린 연인들이 소리를 죽여 웃는다 슬쩍 허리를 감아 조용한 골반의 움직임을 느끼고, 만지고 애무한다 귓불을 빨기도 하고, 머리카락에 얼굴을 묻고 사내애가 뭐라고 말하자 여자애가 몸을 비틀며 웃는다 아주 못생겼다 나는 그들을 남겨두고 지하철을 탔다 달리는 기둥들 사이로, 깻잎머리를 한 여자애가 남자애의 구두를 밟고 있는 모습을 마지막으로 보았다 도대체 무엇을 잃은 것일까? 키스의 고별 공연을 보았다 진 시몬스는 갑옷을 입고 있었다 둘은 헤어져 생각할 것이다 서로의 냄새를, 느껴지던 육체의 탄력을, 첫사랑의 여자와 여관에 가지 않은 것은 잘한 일이었다 때로는 끝이 보이기도 한다 그러나 알면서도 여관에 가야 할 때가 있다 옛날 여자의 집에 들렀다 벽돌집인 줄 알았는데 알고 보니 돌을 흉내낸 콘크리트집이다 추억은 나가서 집은 비어 있고 나는 때늦은 결별을 우유 투입구로 밀어주고 나왔다 지하철 손잡이를 잡고 서서 내가 내려야 할 역을 생각해보았다 그것은 너무나 분명하다 수많은 말들이 문득, 사라져버렸다 추억의 벨이 울리자 졸던 사람들이 황급히 깊은 주머니를 뒤진다 비닐을 씌운 요와 검은 텔레비전, 허약한 칫솔과 싸구려 비누 냄새

지하철 플랫폼에서 사랑이 끝나는 여관까지
나는 아직도 그 여관에 있다

폭력에 대한 애무

서로 부둥켜안고 운다
심야 버스도 끊어진 겨울의 거리
아무 주저 없이, 무너지며 서로의 혀를 핥고
배신보다 차가운 너의 눈물을 탐닉하며
사내의 가슴을 치며 계집이
계집의 허리를 껴안으며 사내가
운다

(이 무능을 너는 아는지?)
적멸의 무덤을 파들어가듯
사내가 계집의 가슴을 헤집으며
울부짖으며, 굶주린 개처럼 젖을 빨고
계집은 가늘게 휘어지며 사내의 얼굴을 부수고
아아, 이젠 끝이라고
사랑하지만 어쩔 수 없다고
서로의 해골을
들판의 봄꽃들처럼 애무하는
사랑의 식탁

(너는 이 불구를 아는지?)

썩어가는 치아가 부딪치는 증오의 키스
그 불의 습기와 흰 꽃을 따는
푸른 뱀의 혀처럼
배고파, 배고파 죽겠어, 하며
나는 너의 상처로
너는 나의 상처로 흐른다

이 망할 년아,
너는 미친놈이고

침엽수림에서 흰 모래 해변까지

이상하게도 우리는 모두 그 걸레를 사랑하고 있었다
학교 뒷산에서 교복을 깔고 한 년과
어두운 침엽수림에서, 떨면서,
거의 자위를 하듯 일을 치렀는데도
처음 그년을 팼던 그놈도
단지, 허벅지 사이에서 좌절할 뿐이었던 병신도
나중에는 수수께끼 같은 눈물을 보이던 그년까지도
우리는 모두 깊이
서로 사랑하고 있었다
침엽수림에서 그년이
여학교 교복을 추스르고 있을 때도
우리는 등 돌리고 서서
하늘을 가린 낙우송의 장엄만을 바라보며
어서 빨리 바다로 나가고만 싶었다
아무도 빈 도시락만 들어 있는
그년의 가방을 챙겨주지 않았고
더러운 브래지어의 호크를 닫아주는 일 따위는 없었다
우리 모두들 서로, 서로에게서 도망치고 싶었다
적어도 흰 모래 해변에 서기 전까지는
그 바다가 그렇게, 고요히 빛나는 푸르름이었다는 걸

알기 전까지는,
아무도 우리가 서로 사랑하고 있다는 걸
알아채지 못했다
이상하게도 서로 서로를,
쑥스럽게도 그녀를,
아니,
그년을

지옥의 눈물

보리수나무 아래서 그대와 함께하는 국경의 저녁
나무가 밥을 먹는 식탁에 앉아
나뭇가지마다 환하게 불을 켜고
우거진 가지에 하나 둘, 별이 뜨고 있는 밤을 보네
내가 계절의 별자리를 찾고 있을 때
그대는 벌써 허리를 편 보리수의
융단 같은 가지 꼭대기에서
별빛 같은 손을 흔들고 있네
혹, 그대는 나를 더 멀리 보고 있는 게 아닌지 몰라
그대가 멀어—보리수나무가 남긴 국수 그릇에 얼굴을 넣고
참혹한 죽음을 보네
도대체, 이 물과 새들의 집에서 무슨 일이 일어난 걸까?
국경에 이르면 누구나 가야 할 곳이 생각난다
그리고 이제 그곳으로 가야 한다
너에게로—
아름다운 육신이여 왜 우니?
—행복해서
그만 울어, 너의 눈물은 독이야

내가 마신 너의 눈물에 어린 풍경은 지옥이고
마르지 않는 지옥의 샘이고, 끝없는 수수께끼의 질문 같아
영원을 믿지 않고 약속했던 날들이
사라지는 유성처럼 꼬리만 남아 있네

안녕, 언젠가 또 만나겠지
무성한 보리수나무 아래서
그렇게 맑을 수 없는 눈동자
환하게 번져가던 너의 빛과
우거진 녹음 가운데서 듣는
눈 녹은 물소리
지옥의 눈물이
아름다운 뿌리를 하나씩
만져주고 있네

쿠키

　의상 도착증 환자 헤라클레스Heracles가 여성용 드레스를 입고 여왕 옴팔레Omphale의 시중을 들고 있다 헤로도토스Herodotos는 이를 Skytian Illness라고 기술하고 있다

〈수술 전〉

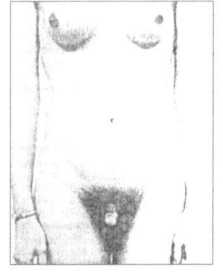

　▼ 왜 말괄량이 여자애에 비해 여자 같은 남자 아이는 조롱의 대상이 되는 걸까?

　▼ 축 "성업중", 부킹 100%, 그리고 기본 28,000원이라는 글씨가 사선으로 그어져 있다

의학적으로 성 Sex은 ①유전적 성 Chromosomal Sex, Genetic Sex ②성선성 Gonadal Sex ③육체적 표현형 성 Phenotypic Sex ④정신적 성 Psychological Sex, Gender Role, Sexual Identity으로 분류되는데 정상적인 사람은 이 네 가지가 다 일치한다 나는 그 불일치를 생각해서 이를 쿠키Cookie라고 적는다

〈수술 후〉

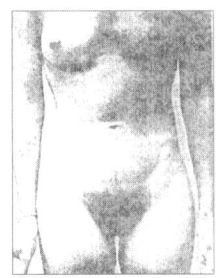

▼ 성전환 수술을 받을 수 있는 10가지 조건 중 5가지 ①정신과에서 성전환증의 진단을 받아야 한다 ②나이가 21세 이상이어야 한다 ③정신병과 우울증이 없어야 한다 ④범법 기록이 없어야 한다 ⑤바뀌는 성에 신체 외형이 어울려야 한다

▼ 이무상, 『성전환 수술의 실제』에서

일곱째 날

  티끌 모아 泰山을 이루었더니 어머니가 보시고는 저, 지저분한 山 좀 버려라, 하신다 할 수 없이 泰山을 쓰레기통 속에 버리고
  피곤해서 잔다

만든 사람들

출연

석환: 류승완
성빈: 박성빈
상환: 류승범
태훈: 배중식
현수: 김수현

특별 출연

이장호 고인배 기주봉

제공/(주)엔터테인먼트 공동 제작/(주)콘텐츠 그룹 기획/외유내강

감독: 류승완
프로듀서: 김성제
촬영: 조용규 최영환
조명: 김성관 김경선 박연일
편집: 안병근
분장: 박선지
동시 녹음: 윤해진 이태규
음악: 김동규
사운드 디자인: 김동규 김성연
조감독: 박정 김경수 김원석 김성수 김재영
기록: 신진명 이동희
제작부: 박성일 정재현
음향: 라이브 톤
네가 편집: 남나영 이수영
현상: 할리우드 현상소
색 보정: 이용기
텔레시네 와이드 비전 옵티컬 쿠알라 홍보: 윤수정
스틸: 이상옥
포스터 사진: 강영호
광고 디자인: 꽃 피는 봄이 오면 김혜진

고요한 재난

1

재난은 말할 수 없이 고요했습니다 물에 잠긴 마을의 소식은 1만 5천분의 1 지도처럼 평화롭습니다 박공 지붕들과, 깊이 발목을 잘린 물위의 나무들 흘러갑니다 환난이, 또 한 시절이, 이렇게 적막할 수 있다니요

2

어쩌면 나는 단 한 순간도 혼자였던 적이 없었습니다 무덤 같은 자궁 속에는 과연 무엇이 들어 있었을까요?
 (나에게 마약이 아니면 전쟁을 주세요 아니면, 영화를—)
 투명한 벽이 마음을 벗겨낸다 어리둥절한 몸을 어느새 마음이 뒤돌아보고 있다 그러다, 얼른 돌아온다 너는 무엇을 보았니?

3

아크람, 당신의 처형 소식 잘 들었습니다 문득, 우리는 우리 식대로 싸울 테니 너희는 너희 식대로 우리를

죽여라, 라고 울부짖던 레바논에서의 당신의 모습이 코소보의 설경과 같이 오버랩되어 뜬금없었습니다. 콸라룸푸르에서 만났을 때는, 우리에게 고향으로 돌아간다는 것이 어떤 의미인지 아는가? 라고 물었었지요?(사실, 저는 쿠칭의 煙霧보다 서울의 매연이 더 고통스러웠습니다) 미군 병사들의 총구 앞에는 항상 CNN의 카메라가 있습니다 르완다에서는 벌채용 칼 대신 AK-47[12]로 죽여달라고 살해자에게 돈까지 주는 사람도 있었답니다 당신은 어떻게 죽었는지요?

4
어머니, 왜 냉장고 안에 계세요?
천천히 상하기 위해서란다
너는, 오래오래 나를 먹을 거잖니?

꽃의 웅크림 속에는 다른 광막함이 있다 사람들은 그 땅을 찾아가 죽는다 세계는 수와 상징을 향한, 그리고 열정으로 이루어졌다고, 적는다

5

 아버지 왜, 이러세요? 잠시 그 고장을 들여다보았습니다 완전한 침묵 속에 던져졌던 것이지요 소금 구덩이에 얼굴을 묻고 질식해 죽어가는 염소처럼, 내 몸으로부터 그 강가의 비린내가 흘러들어가는 물속의 집을 보았습니다 그리고 사람들이 나를 그 죽음 속에서 건져 올렸을 때 나는 물고기처럼 울었지요 기묘한 상실감이었으나—— 아직 피지도 않은 벚꽃에 마음은 취해 갈피를 잃어 나, 횡설수설하며 해군 사관학교 부근을 서성이다 새벽 목욕탕에서 잠든다 기차는 멀고 버스는 가깝다 웬 성당이 헛묘처럼 성가신 부재를 파묻고 있다 간절한 기도 소리가 봄바다를 헤엄쳐간다 모두 행복하라, 모든 고통과 함께

비좁고 긴 골목

 자, 천천히 눈을 감는다 어깨가 무거워지고 눈꺼풀이 감기면서, 이제 내가 셋을 세면 당신은, 당신의 고독이 메말라간 우물보다 더 깊은 잠 속으로 빠져들어간다
 하나,
  둘,
   셋— 당신은 깊은 잠 속으로 빠져들었다 잠은 달콤하고, 아주 무겁다 정적이 당신의 옷을 붙잡고 풍경들이, 다 돌아간 필름의 꼬리처럼 낡은 기억의 문고리들을 되풀이해서 스치고 있다 그리고 좀더 자세히 그 덧없는 반복에 귀를 기울이면 ……잠 속에서 무언가가 천천히 떠오르고 있는 것을 당신은 보고 있다 어두운 저편, 자, 이제 그것은 심연 속에서 천천히 밝아오기 시작한다 그게 무엇인가?
 발자국들, 하얀 눈 위에 더럽혀진 발자국들만 모여, 서성거리며 수군대고, 누가 앞서가고 누가 남았는지 모르는, 아니다 더 깊이 돌아가야 한다 다시 깊숙이 숨을 들이쉬고 호흡이 바닥에 닿는 거기서 당신은 주위를 둘러볼 필요가 있다 ……천천히, 천천히— 그렇다 거기에 서 있어라 그리고 어떤 치욕과 함께, 당신이 왜 거기에 있는지 보라 거기는 어디인가?…… 그러나

가엾은 당신이여, 그 비좁고 긴 골목을 아직도 맴돌고만 있구나 어떤 문을 두드리지 못해 당신은 땅속을 걷는 발을 가지게 되었는지 왜 모든 장소에 서서 한 곳을 응시하며 서 있는지 당신은 거기에서 벽을 짚고, 가랑이를 벌린 채 고개 숙이고 있다 전경들이 잔밥을 먹던 그 대학의 무너진 담 밑과 식민지의 간이역, 검은 비닐 봉투에 속옷을 담아주던 세탁소, 길모퉁이의 24시간 편의점 간판의 불빛 아래에서도 당신은 더러운 발자국처럼 그림자로 서 있다 그렇다면 몸과 빛은 어디에 있느냐?— 자, 다시 기억의 실을 타고 더 깊이 돌아가보자 자, 이제 내가 손가락을 세 번 튀기면 당신은 한 발짝도 내딛기 힘든 벅찬 공기의 저항을 느낄 것이다 !, !, ! — …… 점점 숨이 가빠온다 몸은 솜뭉치처럼 무겁고 피로하다 괴로움 없이 볼 수 있는 것은 드물고, 잔인하지 않은 깨달음이 없으니 보이면, 그렇다 그리고 거기엔 웬 꽃이 만발하다 자, 거기에 당신이 있다 당신은 화창한 봄빛 속에서 치를 떨며 셔터가 내려진 상가의 구석구석을 달리고 있다 갈피를 잡지 못하고 골목을 질주하는 그날도 봄날이다 숨을 수 없는 봄볕을 쫓아 누가 당신을 따라오는가? 군인인가? 경찰인가? 변태성욕잔가? 그가 그걸

꺼내 당신의 항문에 넣는가? 그걸 다시 당신의 입에 물리는가? 그걸로 당신의 머리를 깨놓는가? 당신은 수치의 바지를 내리고 막다른 담벼락에 붙어 서 있다. 영원히 당신이 떠날 수 없는 당신의 장소──당신은 아직도 수치와 공포의 그늘을 덮어쓴 비좁고 긴 골목에서, 차가운 벽 속으로 걸어들어가고 있구나

어디에 있는지 말하라 아직도 비좁고 긴 골목이다 어두운 그늘을 따라 흘러가는 당신의 몸과 빛, 그렇다면 나는 어디에 있는가? 누가 불러도 대답하지 말고, 누가 손을 내밀어도 마주 잡지 마라 천천히 천천히, 돌아올 수 없는 그 길과 몸을 두고 두렵고 어두운 빛 속으로 걸어가라 빛은 차갑고 그리움보다 더 시린 추위가 당신을 찾아올 것이다 당신이 눈물 흘리던 천지간에서 그 빛에 다가갈 때까지, 내가 셋을 세게 되면 당신은 죽는다

하나,

둘,

셋

더러운 거래 — 다큐멘터리

 (나무는 아름답다)……아버지의 삶을, 경멸할 만큼……그에 대해서, 잘, 몰라요……(그러나 뿌리는 더 아름답다)……선생들은 나를, 쓰레기라고 불렀지만……나를, 혐오스러운 장난감처럼 바라보던, 그들을…… 나는 그들이 정신병자 같아요……(그러나 더 무섭다)……나는 거의 질려 있었어요……선생들은 술 먹다, 심심하면 와서, 때렸어요……(운다)……통쾌했죠, 밴드부 주장이, 그때, 선생에게 담배를 권한 거예요……(웃는다)……퇴학이오, 저는 웃었다고, 반 죽었어요…… (빛)……본드도 하고, 부탄 가스도 했어요……그 새낀 학교 앞 문방구 주인과 짜고, 우리에게 준비물을 강매했죠……나는, 그 더러운 거래를, 교육이라고 불러요……(나는 나무)……선생들은 전부, 미쳤어요……수업 중에, 농약을 처먹구, 자살을 기도한 놈이 있었어요……걔네 아버지가, 선생,……박정희 맹신자래요……(너는 빛)……글쎄요,……나도 내 청춘이 용서될 것 같지 않네요 ……아저씨, 내 빛 맞았다!……(빛이 사라지고 나무도 이어서 사라진다)

일구구팔년 가을

 시종 말이 없었다 상황이 그랬다
 실직이 1년이 넘는 친구는 담배를 끊었고
 독일에서 학위를 포기하고 돌아온 벗은
 어제 기도원에서 돌아왔다 누이는 당구장 문을 닫았고
 매형은 다시 속초로 내려갔다
 우리는 우족탕에 소주 반 병씩 나눠 마시고 종로를 걸었다 모두들
 자신이 기다려야 할 버스 정류장들을 몇 개씩 지나쳐 걸어도
 아무도 먼저 건널목을 건너는 사람은 없었다
 더 먼 정류장이 우리를 기다리고 있었고
 그 건널목에는 노란 은행나무가 서 있었다
 지금은 세 아이의 아버지가 된 초췌한 벗이
 광화문 지하도에서 먼저 길을 잡았고
 그 옛날 나에게
 완전한 인간 '체 게바라'를 강론했던 친구는
 눈길만 주고 다음 건널목에서 돌아갔다
 ──더 어려운 시절이 돌아오리니
 잘 쉬어라, 켄터키 옛집
 누구는 81학번의 불운에 대해 흥분하기도 하고

냉정하게 김대중 정부를 옹호하기도 했지만
나는 끝내 아무에게도
빌려야 할 돈 이야기를 꺼내지 못하고
홀로 네거리에 서 있다
시대가 우리를 버렸어 하고, 한 벗이 비분강개했지만
아무런 울림도 일으키지 못하고 딴 얘기만 했다는 생각이 났다
나와 같이
모두들 말 못 할 사연을 안고 돌아갔을
광화문 네거리의 어둠——더 어려운 시절이 돌아오리니
잘 쉬어라, 켄터키 옛집

매음의 밤

문은 점점 닫히고
악몽은 길어진다
시대랄 것도 없는 오늘아,
우리는 우리의 죄를 인정하지 말자

모든 것을 반짝반짝하게 닦아놓자
아우슈비츠와 히로시마, 광주와 천안문 같은 것들은 쓰레기통 속에 처넣어버리자
그리고 끝없이 춤추는 이상한 신발에 관한
동화를 읽는 거야
너무 쉬운 이름들만,
모든 것이 새것처럼 보이겠지
축제는 영원히 계속되고, 살인과 방화, 전쟁과 모욕이
끝말 잇기 놀이처럼 이어지는 미래가 되풀이될 거야
피는 피로 씻으면 돼
움직이지 마—— 네 귀 속에 토하고 싶어
소비해버린 어제에 대한 청구서, 해묵은 빚에 대한 독촉장
주차 위반 딱지 같은, 이제 우리가 지불한 모든 영수증들도 다 태워버리자

그리고,
어떻게 우리가 아직 자살하지 않고 있는 걸까?
에 대해 생각하지 말자
이, 시대의 고리대금업자들아
내일은 테러와 린치로 몇십만 헥타르의 밀림이
한순간에 사라져버리고, 오늘은 단지
흰 돌과 푸른 물의 조화를 본다[13]
이 길은 왜, 맨정신으로는
보이지 않는 걸까?
이리 와, 오늘은 내가 안아줄게
왜, 자꾸 똑같은 꿈을 꾸는 건지
그러고 보니 너도 어디서 한 번은 본 것 같은 얼굴이다
(될 대로 되라지, 모든 게 잘될 거야)

세상 너머의 지평선

물이 끓듯 마음이 끓는다
그러다 확, 넘어간다
마음이 넘어갈 때
세상의 지평선 너머 저쪽에 사막이 있다
그 우연의 길들—나의 우연성 속에
                나의 연기성이 있다
바람이 몰고 다니는 모래 언덕들
정처 없는 마음들
왜냐고 묻지 말아줄래?
여기에 그런 건 없어
너무나 많은 변수들 때문에
남겨진 이 아름다운
단일한 흔적들과 괴로움
추운 밤과 한낮의 태양이 사랑한
무늬의 마음을 읽어준다
들리니?
모든 구멍들이 내는 소리를
여기까지 오려고 우리는
매일 같은 길을 되풀이해서 걸었던 거야
길은 사막이다

헤매다 만나는 것들
그런 것들은 이상하게
어디서 한 번 본 것들이다
바람이 불면 모래들은
부르던 노래들과 함께
마음의 언덕을 넘어
또 다른 길을 보여주고

쓰레기의 사막

 한국은 수렁입니다 문학은 가망 없습니다 지식은 썩은 시궁창에서 즐거운 지렁이처럼 변명을 일삼고 있습니다 지식의 개량주의 같은 것이지요 거기서 한국 문학과 달러의 환율을 빨아들이지 못하면 우리는 곧 아사할 것입니다 나는 지식인이 아닙니다 얼마 전엔 모 음악가의 자서전을 대필하고 연명했습니다 모두가 미친 개새끼들이 되어가고 있습니다 새로운 경제적 토양 위에서 다시 시작하고 싶은 모던한 욕망이, 한국의 문학을 선진국형으로 만들어갑니다 나는 달러와 싸우고 있습니다 당신의 라마들이 싸우고 있듯이——어느 미국의 영화 배우가 물었다구요 왜 싸우지 않고 기도만 하느냐구요 이 전쟁은 그렇게 고요합니다 어제는 이포의 강변에 나가 작은 섬이 흘러가는 저녁을 보았습니다 오늘은 잠만 잤습니다 아내는 내가 직장에 다닌 날보다 실직의 날들이 더 많았다고 합니다 과연 그런 것 같습니다 손을 흔들면 어제의 섬이 내 앞에 멈추어 설 수 있을까요? 새로운 가전 제품들이 끊임없이 나오듯이, 또 올 게 오겠지요 쓰레기는 문명이니까요 어쩌면 삶이, 그런 죽음이 곧 악취고, 쓰레기장으로 가지 않는 것들은 모두 부도덕합니다 복원된 유적들이나 전통 같은 것들 말이지요 지나간 말들이 다시 몸을 입는 것은 어쩐지 불순합니다 남의 둥지에 알을 낳는 새와 또 그 알을 품고 키우는 새들이 나는 좋습니다 그래요, 이런 쓰레기의 사막에서 한 번쯤 요절의 운명을 생각해보는 것, 나는 모든 쓰레기의 미래를 암산해보는 것입니다

적막한 강가, 버드나무와 같이,
푸른 뱀과 함께

 이른 새벽의 강가에 나왔다 강은 메말라, 물고기들은 물살의 기억을 흘러 헤엄치며 버드나무숲으로 들어갔다 숲은 황홀했지만 나는 가장 순결한 물로도 씻을 수 없는 상처를 입고 마른 강에게 내 피를 나눠주었다 그날은 악몽이 구현된 밤이었다 나는 핏빛 강에 누워 맨정신으로 별들의 운행을 헤아렸다 전쟁이다 꽃들이 만발한 겨울이다 그리고, 이젠 집으로 돌아가자 함흥으로, 원산으로, 예루살렘으로

 그리고 테러를 준비하는 오후다 살인자? 방화범? 미치광이? 아, 내 생의 마지막 기도처럼 나는── 푸른 뱀과 함께 이 메마른 강에 누워 정수리에서 꼬리뼈까지 펼쳐져 있는 무한을 더 이상 내 사랑으로 치환할 수 없을 때까지만 살아 있을 것이다 오늘처럼 나무가 무서워 보였던 적은 없었다 AK-47 자동 소총 앞에서 무릎을 꿇고 꾸란을 암송하는 팔레스타인의 사막── 웬일인지 오늘은 잠이 오지 않는다 눈 덮인 히말라야를 넘는 티베트 난민들과, 추위와 굶주림 속에서 지도를 걷는 오체투지의 저항처럼 밤은 왔고, 숲은 고요했고, 별들의 음악이 이 피의 강에 뱀과 나 우리 둘 사이를 흘러 더 먼 물고기의 숲으로 잦아들었다 잠은 나와 분리되어 있었고 푸른

뱀이 내 귀 속을 통해 잠 속으로 들어왔다 너무 차가워, 뱀은 나를 축축한 흙 속으로 이끌었다 우리는 그 속에서 놀았다 예민한 불발탄과 벌목용 칼, 우기를 기다리는 사막의 꽃씨와 같이

오호리의 아가씨

님이 홀로 계시는 걸
헤엄치는 나비는 까맣게 잊었다
오호리의 아가씨가 낚시를 한다네
바구니에는 부용화와 제비꽃이 가득
하얀 모래밭에서
공을 차던 청년들이 물었지
오호리의 아가씨, 꽃들이 파도를 타고
푸른 바다로 떠나가고 있어요
들판엔 꽃들이 시들고
나비마저 이 호수를 잊었어도
오호리의 아가씨는 낚시를 한다네
공을 차던 청년들은 싸움터로 나가고
모래밭에 발자국은 모두 지워져도
파도는 먼 옛날처럼 밀려온다
누가 님이 계신 곳을 알까?
아무도 우리를 기억하지 못해도
오호리의 아가씨, 이 해변을 잊지 마세요
파도가 밀려오면 파도가 되어
당신의 종아리를 안고 싶었던 우리를
모든 전쟁터에서 죽어가는 우리를

바다에 가뭄이 들고
나비마저 이 호수를 잊었어도
파도는 먼 옛날처럼 밀려오고
오호리의 아가씨는 낚시를 한다네

썩은 우물

그리울 때마다 옆에 없는 이 엇갈림
무슨 꽃인지 모르지만, 작은 꽃잎들이 바람에 날리고
집에서는 시들어가는 화분이
볕 좋은 베란다에 무성한
행복한 날들—밤은 적막하고,
가늠할 수 없는 방파제 아래에서 무엇이 자꾸 내 이름
을 부르는
누가 이 아름다운 우물에 시체를 던졌는가?
꽃을 먹는 탱크들, 열반의 총소리, 창작에 가까운 살인,
초현실적인 테러와 죽음의 할인 매장에서
월 가의 투자자들이 점심을 먹고 있네
아아, 극적인 하루였어!
피에 젖은 아시아의 살점을 썰고 있네
내셔널 지오그래피에서 인도의 처녀가
쿠바의 흑인들이 말린 시가를 보고 있네

무너진 붉은 담
몸이 빠져나간, 오래된 허물처럼 던져진 옷들
사상의 모라토리엄 같은
냉장고의 웃음 소리가 숨이 넘어간 듯

한참 동안 들리지 않으면
시계는 행복한 날들을 노래하며 온다

작은 연못

1

대륙은 멀리 이동해버렸고
섬은 홀로 남았다
들어와, 들어와, 작은 연못은 자꾸 나를 부른다
물가에 심어진 나무가 말했다
귀기울여봐, 몸이 물처럼 흐를 때까지

구더기가 죽었어
무엇으로 다시 태어날지 알고 싶었는데
그 나무와 열매가 떠나간 자리에는
거북이들이 몰려들었다
병 속에서 너는 아무것도 먹지 않았어
은색 연못에 발을 담그고 나무는 생각했다
그럴 수 없는 일인데도
날고 있는 나비를 볼 때마다 구더기의 우화를 생각했다
돌은 금에 대해 생각한다
왜 아니겠어, 템스는 라인의 지류였대
나는 해류를 타고 떠난 대륙에 대해 생각한다
헛된 길이라도, 손을 들어 가리켜줄까?
나는 은이 녹은 물에 몸을 담갔다

보라색 탄환이 허공에 정지해 있다가
여기가 아니었구나 하는 물감처럼 풀려나갔다
돌아가지 못한다 다만 끝이 있을 뿐
구름의 빛을 보며 숲은 바람을 느꼈다
섬도 떠나버릴 것인가?
들어와, 들어와, 작은 연못은
모래 위에 벗겨진 신발을 부른다
나는 우두커니 연못에 서서
끝이 없는 나무 위로 오르기 시작했다

2
하늘에서 물고기가 떨어진다
나는 바닥을 드러낸 해저에 앉아
물고기의 날개를 뜯어 석쇠에 올려놓고 구웠다
아내는 세탁기 안에서
울 세탁 모드로 잠들어 있다
노래나 불러야지 술에 취해 쓰러져 자다가
가위에 눌려 일어나보면, 먼 미래의 봄날이었으면 좋겠다

꽃을 뿌리며 그의 이름을 부르고 싶었다
누가 바하이의 성인이냐?
나는 실리콘밸리의 벤처 기업간데요
스탈린이 고려인을 데리고 시베리아로, 바이칼 호로,
타시켄트로 유랑하고 있다
작은 반딧불 하나
내 손등에 불을 켜고
벵골의 바다로 방향을 잡는다
불려지지 않아도 존재하는 이것은 무엇입니까?
그러나 이 말도 틀렸다
그래서 연못에 발을 담근 나무는 생각했다
편지가 올 때가 되었는데
왜, 지금까지 아무도
이 연못을 찾아오는 이들이 없을까?

3
기다린다
총과 신의 말씀을 듣고 떠났다고 얘기되는 사람들
구더기는 병 속에서 굶어 죽었어

거북이가 어떻게 그걸 알았을까?
물가의 나무를 태워
꽃을 피워 올려야 하는 건 아닐까?
피를 묻히고 돌아와야 할 시간
연못에 손을 씻어야 할 시간에
물고기들은 어디를 유랑하고 있는 걸까?
사막이야, 사막,
기다린다는 것은 사막이다
국수나 삶아 먹자 응? 나는 제물국수가 좋아
작은 연못에 국수를 풀자
날카로운 바늘들이 입 안에 상처를 냈다
나를 태워, 그들에게 빛을 줘,
작은 연못이 출렁이며 말했다
갑자기 모든 이가 길게 자라
연못의 물을 마시기 시작했다
그리고 노래는, 사랑했다고, 죽도록 사랑했다고
우기고 있다
나무는 사막의 귀를 막았다
알 수 없는 유골들이 점점 환해진다

어둠 속에서는
어둠의 길이 나타난다
죽이려는 것일까? 살리려는 것일까?
나무에 올라
나무가 되어 기다린다

괴로움
―― 註

1) iti samaya rgya rgya rgya: 이상으로 마친다를 뜻하는 봉인의 만 트라.
2) 未濟卦.
3) 모미: 다른 세계를 보여주는 窓과 그 창 밖과 다르면서도 같은 창 안을 의미하는 한글 상형 문자. 窓과 窓의 원리(易)를 형상화하고 있다. 나는 새벽 3시의 모니터에서 ^^, -_-;, ^^;, *^^*, 이런 '표음 상형 문자'를 본다.
4) 그러나 그 아름다움은 에셔의 판화와 네르비의 경우가 보여주듯 이 또 얼마나 괴로운 것인가? 세계를 이루고 있는 그 무한히 열린 가능성 때문에 나는 괴롭다.
5) "정교한 양식을 갖추고, 명쾌하고 포괄적으로 건축된 쇼펜하우어의 철학 체계는 안락함을 두루 갖춘 현대식의 멋진 호텔이지만, 실상 이 호텔은 無와 無意味라는 벼랑 끝에 서 있으며, 편안하게 즐기는 성찬과 예술 작품 사이에서 매일매일 몰락해가는 세련된 안락함에의 긍지를 높일 뿐"이라는 루카치의 「그랑호텔 무너지다 Grand Hotel Abgrund」(1993)에서. 그렇다면 나는 아마도 그랑호텔의 오랜 투숙자일 것이다. 너무 오래 그 벼랑을 내려다보았더니 이젠 여기가 그 끝 같다.
6) 「시편」 137편 1절. 또한 예젤키엘 전서 27장 1절에는 예언자 예젤키엘이 바빌론 수인 생활 때 조국 광복을 그리면서 애절하게 읊은

송가가 적혀 있다. 예언자 예젤키엘은 유대인 귀족 계급에 속하는 예언자였고 정신적 지도자로서, 그는 동족 포로들에게 종래부터 지켜오던 민족 도덕의 연대적 책임 관념을 버리고 개별적 책임 관념을 통하여 유일신 여호아와 직접 교감을 통해 영원한 구원을 얻을 수 있다고 설파했다.

7) 모세가 시나이 산에서, 기록된 율법을 받았을 때 유대인들은 그에게 구전의 율법 또한 주어졌다고 믿고 있다.

만일 기록된 율법(토라 쉐베 케타브)이 그리운 과거로 향하는 환희의 귀향을 적은 것이라면, 이 구전된 율법(토라 쉐베 알페)에는 미래로의 귀향에 대한 비밀한 공식이 전해졌을 것이다. 랍비의 전통처럼 이 두 개의 토라는 하나로 여겨져 서로 의존하며 보완해주고 있는 것과 같이, 단 하나 우리에게 멸종과 죽음에 대한 인식을 요구하고 있다고 나는 믿는다.

8) 피카소가 그의 마지막 부인 자클린과 만난 것은 그가 일흔세 살 때였다. 당시 그녀는 갓 서른을 넘어서고 있었다. 그녀는 그때까지 어떤 여인도 주지 못했던 것을 피카소에게 준다. 그것은 헌신 그 자체였고, 자기 자신을 완전히 잊는 그런 사랑이었다. 그녀는 피카소를 그림자처럼 따라다녔으며, 피카소가 잠자리에 들 때에만 누웠고, 그가 배고플 때만 먹었다. 피카소가 죽은 후 자클린은 그와 함께 쓰던 침대에서 권총 자살로 생을 마감한다. 피카소는

그의 전 생애를 통해 끝없는 성적 욕망에 시달렸다고 한다.
9) 『논어』「先進編」에서 공자가 제자들에게 물었다. "뜻을 얻었을 때의 포부를 말해보라." 그때 증석은 "늦봄에 새옷을 지어 입고 아이들을 데리고 沂水에서 몸을 씻고 舞雩에 나가 바람을 쏘이고 돌아오겠습니다"고 말했다. 공자는 말했다. "나도 그러고 싶다."
10) 能然必然: 문득 뛰어오르고 갑자기 열리니 누가 시키는 것인가? 스스로 그러할 뿐이며 어쩔 수 없어서 그렇게 될 뿐이다(화담 서경덕의 『原理氣』에서).
11) 왕이 점괘를 보면서 해석하십니다 불길함이 있다 王占曰: 有祟
그로부터 팔 일 뒤인 경술일에 八日庚戌
동쪽으로부터 구름이 도달했고 有洛雲自東
(하늘이) 어두움으로 가득했다 宦母
저녁 무렵에 仄
또 무지개가 북쪽으로부터 나와 亦有出虹自北
황허에서 물을 마신다 飮于河 (갑골문에서. 김경일 해석)
12) 50년 전, 소련의 칼라슈니코프Kalashnikov라는 병사가 한 정의 자동 소총을 세상에 내놓았다. 그리고 그후 AK-47이 소련 군대의 표준 소총으로 채택된 순간부터 최전선 전쟁터에서 테러가 끊이지 않는 후방까지 적을 사살하는 방식이 근본적으로 바뀌기

시작했다. AK-47 자동 소총은 마침내 모든 분쟁 지역에서 문제를 해결하는 가장 인기 있는 도구가 되어버렸고, 인류 역사상 6천만 정이라는 가장 폭넓게 보급된 무기가 되었다. 칼라슈니코프가 만든 AK-47 자동 소총의 가장 큰 장점은 견고함과 단순함이었다고 한다. 철판을 용접해 만든 AK-47 자동 소총은 그 이전의 어떤 개인 소총보다 튼튼했다. 다소 거칠고 조잡하기는 했지만 간단한 작동 원리만 파악하면 누구나 쉽게 사용할 수 있었다. 그리고 총 속에 모래나 먼지가 들어가더라도 간단히 제거한 후 사격을 재개할 수 있었다. 그것은 러시아의 온갖 악천후를 고려해 디자인되었고, 이후 이 만능 자동 소총은 러시아의 운명과 전 세계 국지전의 양상을 크게 변화시켰다. AK-47 자동 소총의 단순함과 견고함이 이전의 전투 불가능한 상황을 전투 가능한 상황으로 만들어버렸기 때문이다. 특히 AK-47 자동 소총은 분해 결합이 지극히 간단하면서도 고장이 거의 없어 아프리카의 일자 무식꾼과 전쟁이 끊이지 않는 동유럽의 어린애들조차도 몸에 지니고 다닐 정도로 편리한 총이었다. 그리고 나에게 있어서 AK-47은 20세기의 환멸에 대한 상징이기도 하다.

13) 石旣白 則苔胡然而靑

水旣綠 則花胡然而紫 (柳夢寅)

해설

목쉰 나무의 노래

정과리

함성호 시의 음역은 최저 가청권 아래에 있다. 그것은 세 개의 상황으로 나타난다. 우선, 시인이 스스로 그것을 명시하고 있다는 것. "가청권을 넘어선 전자기타 소리가 내 운명이라니"(「케리그마 Kerygma」)라고 탄식하고 있는 것이다. 한데, 그 전자기타는 깡깡 울리지 않는다. 이어서 시는 말한다.

> 사바나에서 나타난 기린의 낮은 목소리와 고래들의 대화
> 아주 느린 그림들이 마치 반복을 잊은 듯
> 고요히 흘러가고 있다

저 소리는 낮고 고요하다. 이 낮고 고요함이 그 음역의 두번째 상황을 지시한다. 그것은 그의 노래가

너의 이름을 부르는 것은 괴롭다
　　얼마나 가슴 깊은 곳에서
　　너의 이름을 불렀는지
　　그만, 마음이 흐려져버렸다 (「이름이 없으면, 장미의 향기도 사라지리라」)

와

　　얼마나 오랫동안 속으로 노래를 불러
　　네가 없는 허무를 메웠던지 (「너무 아름다운 병」)

에 진술된 것처럼, 가슴 깊은 곳에서 속으로(만) 아주 오랫동안 부른 노래라는 것을 뜻한다. 그러니까 그의 노래는 가장 높은 음자리 위를 진동하지만 그러나 그것의 음파는 몸의 벽에 막혀 내부에서 소진되어버렸다. 그것은 결국 주체를 목쉬게 하여, 음량을 제로치로 만든다.

　　나의 푸르른 누벽에 새겨진 목쉰 향내와 (「해변 여관」)

에서 보이듯, 이제 소리는 내 쉰 목에 있지 않고 누벽에 새겨져 있게 된다. 그러나 그뿐일까? 내부에서 그렇게 소진되어버림으로써 그의 소리는 예기치 않은 또 하나의 상황을 발생시킨다. 그리고 이 상황은 두 면을 가지고 있다.

　　귀에 살이 찌네
　　별의 언덕에서

사막의 아파트까지
    (악취와 함께) (「레몬 트리」)

 저 귀에 찐 '살'이 내가 부른 노래의 퇴적물이라는 것은 같은 시의 앞 대목:

    …… 나는
    사랑을 말하기 위해
    천 개의 단어를 사막에 심었다네

에 충분히 지시되어 있다. 귀에 찐 살은 저 사막에 심은 단어들이 화답을 얻지 못하고 쓰레기로 쌓인 것이다. 그 앞면에서 이 상황은, 속으로만 부르는 노래는 내 목에서 소리를 앗아가지만 발화된 음향들은 실물로 남아, 내 안에 쌓인다는 것을 가리킨다. 그렇게 쌓인 것들은 다양하며, 그 편차는 아주 크다. 두 번 거슬러 가면 다시 읽을 수 있는 시구에서처럼 그것은 '향내'로 남아 있을 수도 있고, 거꾸로, 저 앞에서 읽은 시구에서처럼 "마음〔을〕 흐려"버리고, 금방 읽은 시구에서처럼 '악취'를 풍기기도 한다(이 악취의 원인을 명시하기 위해, 시인은 친절하게 "모든 것들이 썩어가고 있네"라는 말을 삽입하고 있다). 흥미로운 것은 향내와 썩은 내가 실은 하나이고, 마찬가지로 귓속의 죽은 말들의 퇴적이 동시에 화학 변화를 위해 발효하는 기운을 만들어낸다는 것인데, 이 점에 대해서는 잠시 후에 이야기하기로 하자. 아직 이 세번째 상황의 다른 면을 말하지 않았다. 그 뒷면은 왜 귀 안일까? 라는 물음을 타고 출현한다. 이 물음은 시의 정황을 상식적으로 납득하기 어렵기 때문에 바로 제기된다. 왜냐하면 비록 속으로 부른 노래가 몸 안에만 쌓인다 할지라도 그것이 굳이 귀에 쌓일 이유는 없기 때문이다. 게다가 '나'는 말을 한 자이고, 따라서 나의 행동 부위는 귀가 아니라 입이며, 당연히 귀를 행동 부위로 가질 인물은 '그녀'로 추정하는 게 자연스럽기 때문에 그 물음은 더욱 첨예화된다. 이 물음을 가지고 문제의 시구를 자세히 읽어보자.

> 그녀가 소금에 절여져 있네
> 레몬 트리 소금은 슬프게 빛나고 나는
> 사랑을 말하기 위해
> 천 개의 단어를 사막에 심었다네
> 바빌론의 강가에서 나는 고백했지
> 레몬 트리 레몬 트리, 모든 물결들이 나를 춤추네

이 시구는 '나'와 '그녀'의 존재 양태를 지시하는 단면들을 겹쳐놓고 있다:

(1) 그녀
그녀는 소금에 절여져 있다 :
── 그녀는 바다 속에 잠겨 있다.
── 그녀는 움직이지 못한다.
(2) 나
① 나는 사랑을 말하기 위한 천 개의 단어를 사막에 심었다 :
── 나는 사랑을 말하기 위한 단어를 가득히(천 개의) 가지고

있다.

　— (그런데) 나는 사랑의 단어들을 (엉뚱하게도) 사막에 심었다: 나의 언어는 불모성이다.
　② 나는 바빌론의 강가에서 고백했다.
　— 나는 사막에서 강가로 이동하였다.
　— 나는 고백했다. (무엇을 가지고?)
　— 물결들이 나를 춤춘다.

　이, 다채롭게 반짝이는 단면들은 얼핏 이해하기가 쉽지 않다. '그녀'의 형상은 그리 어렵지 않다. "그녀가 소금에 절여져 있다"는 것은 그녀가 방부(防腐)의 상태로 (아마도) 바다 깊숙한 곳에 잠겨 있을 것이며, 움직이지 못한다, 라는 뜻을 가리킨다. 그녀가 바다 깊숙한 곳에 있기 때문에, '나'가 사막에서 강가로 이동했을 것이다. 물론 강물에는 염분이 없다. 그러나 강가로의 이동은 더 긴 유랑으로 이어진다. 그 유랑의 끝에 '바다'가 있다 : "그 바닷가, 우리들의 유랑과 늘 함께하던/레몬 트리 레몬 트리— 슬픔이 나를 해변으로 몰고 가네." 반면, '나'의 행동과 그 결과들은 해석하기가 아주 까다롭다. 우선 '나'가 사랑을 위한 천 개의 단어를 가지고 있다는 것은 그녀에 대한 갈망이 그만큼 크다는 것을 가리킨다. 그런데 '나'는 왜 사랑의 단어들을 사막에 심었을까? 시구에 드러난 바로는 '소금'에 의해서이다. 두번째 행의 "레몬 트리 소금은 슬프게 빛나고 나는"에서의 '빛나고'는 '빛나기 때문에'라고 읽힐 수 있다. '레몬 트리'는 물론 노랫가락이다. 그것은 "소금은 슬프게 빛나고"라는 진술의 정서적 등가물이다. 아무튼 소금이 슬프게 빛난다는 것이 어떻게 사랑의 단어들을 사막에 심게 하는가? 그것은 사막과 바다 사이에 연관과 단절이 동시에 있다는 것을 암시하지만 그 암시는 난해하다. 단어들의 기묘한 수사학적 이동을 검토할 때에만 그 암시에서 해답을 건져 올릴 수 있다.

방금 보았던 것처럼 소금은 바다의 은유로서는 그녀를 부동·불변·부재의 존재로서 지시한다. 이때 사막은 염분과 물이 부재한 곳으로서 즉각 바다의 죽음을 가리킨다. 마지막 연:

> 레몬 트리 레몬 트리, 사막에 귀기울이며
> 나는 오래
> 흐르는 물 속에 있네
> 꽃과 함께
> 또, 죽음과 함께

에도 나와 있듯이 사막=바다의 죽음은 이 시의 기본 테두리이다. 그 점에서 사막과 바다는, 상식적으로 이해할 수 있듯이, 이항대립 antithèse을 이룬다. 하지만 이 대목도 단순치는 않다. 우선 '나'의 위치가 불분명하다. 시구를 그대로 읽으면 '나'는 해변에 도착했고 해변에서 물속으로 들어갔다. 그러나 바로 앞의 연에서 "누가 이 바람과 불의 사막에서"를 읽은 독자라면 그가 아직 사막을 벗어나지 못했다고 생각할 수밖에 없다. '나'에게 사막은 '이' 사막이지, '저' 사막이 아니기 때문이다. 그러니까 시는 '나'를 사막과 바다에 동시에 위치시키는 모순을 노출한다. 이 모순을 해결하기 위해서는 사막과 바다를 지리학적으로 읽지 않고 공간학적으로, 다시 말해, 극적 무대로서 읽는 것이다. 시 전체를 통틀어, '사막'은 나의 혼자 있음, 귀에 쌓인 것들의 썩음, 그리고 그녀의 부동성을 비추는 공간인 데 비해, 바다 혹은 물은 나와 그녀의 함께 있음("우리들의 유랑과 늘 함께하던"의 '우리들'), 향기(노랫가락 "레몬 트리"에서 레몬은 무엇보다도 향기의 열매이다), 나의 움직임(유랑, "몰고 가네" "긴 강을 건너")을 유도하는 공간이다. 그리고 전자는 현실의 이름으로 지시되고, 후자는 열망의 형식으로 표현된다. 따라서 '나'는 몸은 사막에 있고 가슴은 바다에 있다, 라고 읽는 것이 타당할 것이다. 사막/바다의 대립은 몸/마음의 대립으로 이어진다. 그러나 대립의 이동은 단순히 대립의 악화를 가리키지 않는다. 그 이동선은 오히려 대립의 의미 변화를 발생시키는 선이다. 왜냐하면, 처음의 대립에서 사막과 바다는 서로 극단에 위치할 뿐이지만, 그것이 '나'의 신체 안으로 이동함으로써 두 대립자는 동시에 서로를 일깨우는 환기체로서 기능한다. 사막은 바다의 대척지점에 있을 뿐만 아니라, 대척지점에 있다는 사실 그 자체로서 곧바로 바다를 생각키우게 되었다는 것이다. 그래서 "사막에 귀기울이며"는 이중으로 읽힌다. 즉, "사막에"의 '에'는 '에서'의 의미로서 '사막에서 모랫바닥에 귀를 대고 물소리를 찾는다'로 읽힐 수도 있고, 또는 '에 대해'의 의미로서 '물속에 들어가 사막으로부터의 소식에 귀를 기울인다'로 읽힐 수도 있다. 전자로 읽을 때, "나는 오래/흐르는 물 속에 있네"는 열망의 표현이며, 후자로 읽을 때 그것은 사실의 묘사이다. 그런데 그 묘사와 표현이 동시에 한꺼번에 있는 것이다. 그 '동시에—한꺼번에'를 가리키는 게, 바로, "꽃과 함께/또, 죽음과 함께"이다('꽃'은 바로 앞 연에서 "누가 〔……〕/찰나지간에 만발하다 져버릴 꽃/슬픈 나의 노래를 기다려줄까?"에 나와 있듯이, 노래의 권화이다). 사막과 바다는 대립자가 아니라 서로 반대편을 비추는 것, 즉 대칭 은유가 된다.

그런데 동시에 소금은 바다의 환유(포함 관계)이기도 해서, 사막과 바다를 인접성의 축 위에 놓는다. 어째 그런가? 시인 특유의 개인어 idiolecte 목록집을 엿보게 하는 이 대목을 이해하기 위해서는 다른 시들로 건너뛰어야 할 것이다. 우선,

> 문장이 세계를 지우는 풍경을 바라보았다 사막의 모래가 이 집을 방문하던 날 나는 해당화와 같이 바닷가 모래밭에 있었다
> (「모래의 책」)

를 보면, "사막의 모래"는 '세계를 지우는 문장'의 동의어이다. 이 역시, 사막이 불모성, 더 나아가 죽음과 연계되어 있음을 보여준다. 그런데, 이 모래는 또한 바닷가의 모래와 뒤섞인다. 그럼으로써 사막의 모래에 소금이 섞여 들어갈 가능성이 열린다. 소금은 바다와 사막 사이를 날아다닌다. 그래서 이런 시구도 나온다:

> 눈부시게 반짝이는 저 바다의 비늘을 보라
> 사막이 꾸는 꿈과
> 바람이 물을 밀어 결을 거스르는 무늬를

나는 너의 가설이다 (「아스가르드의 화석」)

이로써 사막과 바다는 인접성의 선 위에 놓여, 바다는 사막의 가설로서, 가능성으로 존재한다. 반면 사막은 그 가능성을 가능케 하기 위한 우연의 무대로 변모한다.

세상의 지평선 너머 저쪽에 사막이 있다
그 우연의 길들 — 나의 우연성 속에
        나의 연기성이 있다 (「세상 너머의 기억」)

사막이야말로 우연 그 자체이다. 사막과 길의 관계는 백지와 문장의 관계와 같다.

사막과 바다는 대칭 은유이거나 인접 관계라는 의미에서의 환유이다. 대칭 은유일 때 그 둘은 서로를 강렬히 비추고 환유일 때 그것들은 전략과 가설로 긴밀히 연락한다. 여기에서 독자는 다시 「레몬 트리」로 돌아간다. 앞에서 독자는 왜 하필이면 '귀'인가, 라는 물음을 던지고 이렇게 긴 우회를 하였다. 자, 이제 대답에 귀기울여보자.

우선은 바다가 사막이 서로를 비추듯이 귀와 입이 서로를 비추기 때문이다. 귀에 쌓인 단어들은 가장 강하게 입의 발성을 재촉한다.

귀에 살이 찌네
별의 언덕에서
사막의 아파트까지
(악취와 함께)

에서의 악취와 함께 살이 찌는 귀는 향기의 '레몬 트리'를 노랫가락으로 희미하게 띄우는 시인의 입과 상호 조응한다 (게다가 악취는 대개 입에서 풍긴다). 다른 한편으로 사막과 바다가 전략과 가설의 관계에 놓이듯 귀와 입 또한 전략과 가설의 관계에 놓이기 때문이다. 그러니 '나'는 사막을 연기하듯, 귀도 연기한다.

> 온몸이 귀가 되어
> 너를 향해 열려 있는 이 하루 종일 (「해변 여관」)

사막과 바다와 마찬가지로 귀와 입도 대칭 은유이자 동시에 환유이다. 시 「레몬 트리」에서 그 관계는 부단히 되풀이된다. 그것은 '나'의 귀와 '그녀'의 입의 관계로 연장되기도 한다.

> 그녀는 이 어항의 사랑을 말한다네

라고 적혀져 있지 않은가? 나는 듣는 이이고, 그녀는 말하는 이다. 과연 '나'의 입은 말하는 데에 쓰이지 않는다:

> 레몬 트리 나는 돼지처럼 먹고
> 그녀는 붕어처럼 허기를 탐닉하네

나의 입은 먹고, 그녀의 입은 허기를 탐닉한다. 허기의 탐닉은 "어항의 사랑을 말"하는 것과 등가이다. 저 관계의

변주는 더 나아가, 방금 읽은 시구에서의 '어항'에서도 작동한다. 앞 행의 "그녀는 붕어처럼"의 '붕어' 때문에 그 어항은 곧 어항(魚缸)을 연상시키지만, 다음 행들의,

> 신성한 결혼이 치러지는 이 소풍
> 그 바닷가, 우리들의 유랑과 늘 함께하던
> 레몬 트리 레몬 트리— 슬픔이 나를 해변으로 몰고 가네

에 의하면, 그것은 동시에 어항(漁港)이다. 또한 악취와 레몬, 열매와 죽음, 꽃과 죽음들이 마찬가지이다.

그런데 여기까지 오면, 첫 연의

> 바빌론의 강가에서 나는 고백했지

의 '고백'은 말로 하는 고백일 수 없다. 시행을 따라 읽어도 '나'는 천 개의 단어를 사막에 심고 난 후니까, 강가에서는 더 이상 말을 가지고 있지 않다. 그러니까,

> 레몬 트리 레몬 트리, 모든 물결들이 나를 춤추네

는 실제의 광경을 그대로 묘사한 것이다. '나'의 고백은 말로 표현되는 것이 아니라, '레몬 트리……'라는 노랫가락을 속으로 읊으며 추는 춤으로 나타난다. 그러나 그 춤은 실제 내가 추는 춤이 아니다. 춤의 주어는 "물결들"이며 그것들이 "나를" 춤춘다. 이로써, '레몬 트리'의 노랫가락과 물결의 춤이 또한 대칭 은유와 환유의 동시적 관계 속에

놓인다. 무슨 말인가 하면, 노랫가락은 실제로 발음되지 않고, 물결의 격랑을 통해서 환기된다는 것이다(그것의 형태적 표지가 '레몬 트리'를 시의 '이야기' 밖에 배음(背音)으로 위치해놓은 것이다).

지금까지 독자는 아주 이상한 독서의 유랑을 겪었다. 이 유랑은 서두에서 말한 함성호 시의 음역이 '최저 가청권' 아래에 있다는 진술을 살피기 위해서였는데, 살피기보다는 함께 겪을 수밖에 없었기 때문에 발생한 유랑이다. 그 유랑 속에서 독자는 함성호 시의 의미(원인과 목적)가 즉각적으로 대답되지 않는 것을 본다. 그것은 시구로 대답되지 않고, 시구들 간의 관계를 통해 유추된다. 그 시구들 간의 관계는 때로는 시들 간의 상호 텍스트 관계에 의해서, 때로는 한 시 내 시구들이 형태적으로 분화하고 기능적으로 연계됨으로써 계속해서 질문을 발생시키는 과정을 통해서 결핍투성이의 형태로 연장되고 얽혀 나간다. 요컨대, 함성호 시의 기본 문장은 'A는 B이다'라는 원형 은유가 아니다. 그것은 'A는 B가 아니라는 사실에 의해서, A와 B의 관계는 C와 D의 관계를 낳거나 그 관계 속에 삽입된다'이다.

한국 현대시의 흐름 속에서 보자면 함성호의 시는 김춘수·오규원의 초기 시와 황지우 시의 중첩과 변용인 것으로 보인다. 앞에서 독자는 함성호 시의 음량이 제로치에 가까운 것을 보았다. 그러나 그의 음량과 달리 소리의 세기는 최고도의 높이로 치솟으려 하고 있다. 그의 물질성을 제거당한 소리는 그것이 목쉰 자의 소리이기 때문이다. 쉰 목은 소리의 최저 수준과 최고도 사이의 대칭 은유와 인접 환유의 텅 빈 구멍이다.

그렇다는 것은 일차적으로 그의 대상에 대한 지향이 수직적으로 치솟아 오르고 있다는 것을 뜻한다. 그 수직성의 탄젠트 값은 아예 없다.

저 타오르는 미루나무의
알 수 없는 가지, (「나는 지금도 미루나무숲에 있다」)

내가 알 수 없는 것은 내가 밑변이 없는 극소점의 자리, 다시 말해, 대상의 수직적 대칭점에서 곧바로 대상을 치켜올려다보기 때문이다. 또한 그렇기 때문에 미루나무는 타오르는 형상으로 내게 비치는 것이다. 이러한 수직적 높이, 다시 말해 절대에 대한 갈망은 한국시에 그리 흔하지 않았다. 있었다면 김춘수와 오규원의 초기 시들에 있었을 뿐이다. 혹시 어떤 사람들은 이들 이전에 김현승을 떠올릴 수도 있겠다. 그러나 김현승의 초월적 시 세계는 위로 솟구치기보다는 아래로 내리쪼인다. 다시 말해 그의 시는 초월성에 대한 물음으로 이루어지지 않고 초월성의 렌즈에 현상된 지상 세계의 존재와 당위를 그린다.

이루지 못한 내 노래의 그늘들을
나무, 너는 땅 위에 그렇게도 가벼이 늘이는구나! (「나무와 먼 길」, 『김현승 시집』, 한국시문학대계 17, 지식산업사, 1982, p. 17)

에서처럼 그의 수직적 지향은 언제나 수평적 연장을 통해 표현된다. 때로 수평적 세계가 초월적 세계와 같은 형상을 취할 때가 있더라도—그것은 대체로 '나무'의 형상으로 나타나는데—

> 나무들도 저들의 빈 손과 팔을 벌려
> 치운 바람만 찬 서리를 받는다. 받는다. (「나무」, 같은 책, p. 182)

에서 보이듯이 항상 '빈 손과 팔'을 벌리고 있다. 김현승의 나무는 하늘로부터 내려오는 빛을 받아 인간적 등가물로 주물한 뒤 다시 지상으로 내려 보내는 우주 정거장 혹은 성배이다.

지상적인 모든 것을 뿌리치고 오로지 솟구치기만 하는 순수 초월의 시, 그래서 시쓰기가 곧 "신의 명상"(「아스가르드의 화석」)이 되는 시는 김춘수와 오규원의 초기 시에 와서야 나타난다. 그러니 보라, 함성호의

> 이름이 없으면,
> 이 사무치는 불의 마음도 사라지리라 (「이름이 없으면, 장미의 향기도 사라지리라」)

와 김춘수의 그 유명한

> 내가 그의 이름을 불러주기 전에는

> 그는 다만 하나의 몸짓에 지나지 않았다 (「꽃」, 『김춘수 시전집』, 서문당, 1986, p. 128)

는 무척 닮지 않았는가? 이름은 보이지 않는 세계에 대한 유일한 보상적 기호이다. 둘은 같은 정신을 프리메이슨적으로 공유한다. 그러한 정신에게는 지상적인 것은 언제나 천상적인 것을 향해 나아가는 연료로 쓰여야 할 것이며, 그렇지 못하면, 부정되어야 할 것이다.

> 사랑의 불 속에서도
> 나는 외롭고 슬펐다.
>
> 사랑도 없이
> 스스로를 불태우고도
> 죽지 않는 알몸으로 미소하는
> 꽃이여 (「꽃의 소묘」, 같은 책, p. 135)

함성호의 '미루나무'와 마찬가지로 김춘수의 '꽃'도 스스로 타오른다. 그 타오름은 지상적인 것을 정화하는 제의이다.

> 그 곁에서
> 계절은 歸路를 덮고 있었다
> 母音을 분분히 싸고 도는
> 認識의 나무들이
> 그냥

서서 하루를 이고 있었다 (「겨울 나그네」, 『길 밖의 세상』, 오규원 문학선, 나남, 1987, p. 17)

라고 진술하고 있는 오규원의 시도 근본적으로 다르지 않다. 그의 '인식의 나무'는 모든 지상의 흔적들을 느리고 긴 회오리로 휘감아 "하루를 이고" "첨탑을" 향해 있는 자신의 자세를 연장시키는 데 보태고 있는 것이다.

차이가 있다면, 김춘수는 그러한 절대의 추구를 순수 표상의 형식으로, 오규원은 '소멸'의 형식으로 드러내고 있다는 점일 것이다. 그러나 함성호의 절대적 추구에는 아주 다른 점이 있다. 그것은 그가 추구하는 세계를, 똑같은 형상과 똑같은 규모로(아니 더 크게 더 아름답게) 그러나 완벽히 정반대의 질을 가진 세계가 대체하고 있다는 것이다.

맑은 밤하늘보다 더 아름다운 것이
도시의 야경이다
마천루의 골격과 피부
미세한 신경 다발처럼 엉켜 있는
고가도로와 지하철의 흐름들

속도는 순결하다 (「잔인한 숲」)

바로 문명의 도시가 그것이다. 그것이 신의 세계를 대체하고 있는 것이다: "도시는 신의 서가처럼 빛난다." 그래서, 보들레르 이래 숲이 절대의 세계에 도달하는 '상징의 숲'이었다면, 함성호의 숲은 "신의 명상에서부터 흔들리는 숲"이다. 이 세상은, 시인의 눈(보통의 숲을 상징의 숲으로 변환하기 위한 절내 요건인)으로 보아도, 순결히 빛나는 결코 "시들지 않는"(「Jabir, Geber, gibberish, 미친 이론가」) 인공 "정원"일 뿐이다. 저 건너편은 단지 이편의 철저한 되풀이 혹은 야금일 뿐이다: "저 다리를 건너면 탄현이 아니라 히말라야가 있을 것 같았다." 히말라야는 거기에 없는 것이다. 그리고, 거기에 도달하기 위한 어떤 처절한 몸짓도 쓸모 없는 것이다: "이 연극에는 비극이 준비되어 있지 않"(「비극을 찾아서」)기 때문이다. 그의 시가 종종

하늘에서 물고기가 떨어진다
나는 바닥을 드러낸 해저에 앉아
물고기의 날개를 뜯어 석쇠에 올려놓고 구웠다
아내는 세탁기 안에서
울 세탁 모드로 잠들어 있다 (「작은 연못」)

영혼을 자극하는 음식이 있다: 나에게는 가자미식해 같은 것
(「케리그마」)

에서처럼 날것 그대로의 일상성("울 세탁 모드" "가자미식해")을 섬뜩하게 차가운 이물질처럼 제시하는 것은 그 때문이다. 그것들에는 어떤 미적(탈일상적) 흔적도, 그로테스크하건, 공상적이건, 아이러니컬하건, 숭엄하건, 낭만적이건, 없다. 그것들은 이 "유리와 강철"의 문명을 도색하고 있는 상징과 상상의 온갖 칠이 벗겨져 문득 드러난 "한 줌도 안 되는 실재 peu de realité" 같은 것이다.

절대 세계가 실은 인공 세계에 불과하다는 인식은 80년대 초엽 "이곳은 초토입니다"라고 절규한 황지우적인 인식에서 출발한 것이지만, 황지우의 정치학을 문명론으로 바꾼 것으로, 동년배인 유하와 함께 함성호가(넓히면 그의 세대가) 특징적으로 드러내는 인식이다. 그 인식 때문에 젊은 시인은, 김춘수와 오규원이 절대의 세계에서 떨어져 나왔을 때 이미지의 현상학(무의미시, 날이미지)으로 이동하였던 것처럼, 갈 수가 없다. 왜냐하면 그가 보기에 삶의 어떤 부분도, 자연이든, 사물이든, 풍경이든, 소외 지대이든, 배제 항목들이든, 과거이든, 미래이든, 삶으로부터 이탈할 수 있는 것은 없기 때문이다. 시인에게는 탈-현실의 가능성은 최소한의 극점으로 축소된다. 유하에게 있어서, 그런데, 그 극점은 활동의 순간이었다. 그것이 그로 하여금 "생이 엎질러진 곳에 생이 있"다는 인식을 끌어내고 그로부터 죽음과 삶을, 과거와 현재를 바로크적으로 변용하고 과장하는 운동을 일으키게 한다. 반면, 함성호에게 그 극점은 '나'로 응축된다.

> 너의 이름
> 이 줄기는 영원히 꽃에 이르지 못하고
> 우주의 끝을 본 자는
> 스스로에게 이 꽃을 바치게 될 것이다 (「얼굴」)

에 분명하게 기술되어 있듯이, 함성호의 존재는 언제나 스스로에게로 재귀한다. 그렇게 자신의 모든 인식과 행동과 정서가 몽땅 스스로에게 회귀하는 자, 그것이 함성호의

'나'이다. 그 '나'는 "스스로 있는 자"(「거미의 서가」), 엄격하게 말해, 스스로만 있는 자이다.

이 단독자가 유리와 강철의 도시를 빠져나가기 위해 안간힘을 쓴다 한들 그의 목적을 이룰 수 있을까? 그것이 기억이든, 연기이든, 투기이든, '나'의 모든 행위는 "환등기에 걸린, 다 돌아간 흑백 영화 필름처럼/탁, 탁, 탁, 탁, 같은 자리를 맴돌고 있"(「흘러간다」)는 것에 불과하며, 그 반복의 결과는

> 아, 幻은 벗겨져나가 신작로 바닥에서 나뒹굴고
> 이제 무엇으로 이 명징한 삶을, 두 눈 뜨고 바라볼 수 있을지
> (「그랑호텔」)

에서의 '명징한 삶', 즉 모든 환상들을 박탈당한, 헐벗은 날-육체의 존재의 적나라한 사물성이다. 그는 단독자가 됨으로써 예언자의 지위에 올라서지만, 그 예언자의 순례는 "몰락의 지도를 걷는/이 죽음의 순례"(「죽음의 기하학」)이다.

그러나 이 순례는 멈추지 않는다. 그게 그의 숙명이며 동시에 우연이다. 그가 삶을 이탈할 수 없다는 것은 죽음마저도 삶 속에서 치러야 한다는 것을 뜻하며 그것이 그의 숙명이다. 그러나,

> 죽음의 집들이 겹쳐 살아나는 생은
> 어떤 반복을 이루려고 저렇게 아예
> 투명한 건지 (「나비의 집」)

에서 보이듯, 죽음-생의 되풀이되는 반복은 어쩔 수 없이 '나'의 움직임을 항구화하고 그의 삶을 무의미로부터의 한없이 새로운 출발, 즉 모든 가능성의 열림으로 이끈다. '나'는,

 스스로 방전하는 나무처럼/어쩔 수 없이 확장하는 번개처럼 (「모미」)

그렇게 방전하고 확장한다. 그것이 그의 우연이다. 그 우연이 극점의 형태만을 가질 수 있기 때문에, 다시 말해, 절대에 대한 솟구침의 형태만을 가질 수 있기 때문에, 우연을 사는 '나'는 오직 나무일 수밖에 없다. '나'는 "나무에 올라/나무가 되어 기다린다"(「작은 연못」). 온갖 우연을. 함성호의 '나무'는, 그렇게 해서,

 나는 해당화와 같이 바닷가 모래밭에 있었다 (「모래의 책」)

에서처럼 모래사장에 위치하기 시작해서, "미래로 돌아가는 길"(「목련나무의 기억」)에 "아무도 알지" 못할 나무로 사라졌다가,

 신호등 앞에 심어진 나무는
 붉으락푸르락한다
 그렇게 모욕당한다 (「욕된 숲」)

의 나무로 세상의 네거리에서 모욕당하기를 번갈아 되풀이

하면서,

> 안국역의 빵냄새
> 빛을 소화하지 못하는 나무는
> 지하도를 걷고 있다 (「나무는 배고프다」)

에 보이듯, 스스로 순례자처럼 걸어가고 마는 것이다. 세상 속에 깊이 갇혀 있는 존재로서 세상으로부터의 탈출 의욕을 안간힘 쓰면서 쏘아 올리는 존재, 그것이 함성호의 나무이다. 그것은 필연성과 우연성 사이의 대칭 은유와 인접 환유가 가장 집약되어 있는 존재이자, 동시에 은유이다. 그 나무는 함성호의 '나', 즉 단독자이기 때문이다. 이제 독자는 그의 나무가 말뚝처럼 붙박인 채로 새들처럼 날아오르길 꿈꾸며 치르는 모든 시험들을 새삼 눈여겨보고 싶은 욕망에 사로잡힌다. 최초의 해안의 나무로부터, 지하도 입구의 나무에 이르기까지. 고독한 표상에서 시장바닥의 횡단에 이르기까지.